PIEDRAS LUNARES

Edición exclusiva impresa bajo demanda por CreateSpace, Charleston SC.

© Fedosy Santaella, 2008
© Ediciones Puntocero, 2016
© alfadigital.es, 2016

.CERO

EDICIONES PUNTOCERO
e-mail: contacto@edicionespuntocero.com
Twitter: @ed_puntocero
www.edicionespuntocero.com

ISBN: 978-980-7312-38-7

Diseño de colección
Ediciones Puntocero

Diagramación
Rocío Jaimes

Imagen de portada
@CSA-Printstock

Fotografía del autor
Vasco Szinetar

Corrección
Carlos González Nieto

Printed by CreateSpace, An Amazon.com Company

PIEDRAS LUNARES

Fedosy Santaella

.CERO PUNTOCERO FICCIÓN

DEMASIADO CALOR

EN ESTA CIUDAD hace demasiado calor, un calor pesado, húmedo, de una violencia aletargada pero incisiva que ocupa todos los espacios como una gigantesca alimaña muerta y en descomposición.

No son necesarios los calentadores de agua, pero los hay. Nuestro apartamento vino con uno de esos aparatos. Cabe destacar que a mi esposa y a mí nos gustaba bañarnos con agua natural (o así por lo menos lo creía yo con respecto a ella). El agua natural formaba parte de nuestra tácita declaración de principios, contraria al artificio del calentador, cepo y símbolo del sueño engañoso.

Sin embargo, así no lo usáramos, nos gustaba tenerlo encendido. El hecho de saber que estaba allí, listo para vomitar agua caliente, nos hacía sentir superiores, evolucionados, despiertos.

Las víctimas de lo ilusorio tienen la absurda costumbre de bañarse con agua caliente en este erial de concreto donde hace un calor de pandemonio. Así lo dicta la enfermedad del molde y de la repetición automática.

Como todos, yo también nací infectado y tuve mis costumbres, pero las costumbres son apenas las consecuencias; el problema radica en ignorar que duermes dentro de ellas. No obstante, ya conocedor de tal circunstancia y como primera lección, aprendes a no desecharlas con el fin de permanecer oculto entre los súbditos del sueño enfermizo. Porque si bien la arquitectura del sueño lleva implícitas las herramientas para despertar, también su armazón monstruosa está diseñada para aniquilar a los iluminados o para subyugar a los que comienzan a abrir los ojos. Hoy entiendo que mi esposa perteneció a esta última categoría, la de aquellos que pronto son reducidos a la ignominia. Pero eso solo lo supe al final.

Nuestro noviazgo fue una alegre iniciación, nuestro matrimonio, una concentrada práctica. ¿De qué hablo? Pues del ejercicio supremo que me hizo abrir los ojos por medio de algo insospechado y aparentemente pueril: la lectura acuciosa de la sabiduría velada que se encuentra en la literatura detectivesca.

¿Quién puso esas claves allí? No lo sabría decir. Me gusta imaginar alguna oscura sociedad de iluminados que durante siglos ha dejado sus huellas en páginas inadvertidas. A veces también pienso que se trata de algo más complejo y profundo: un instinto de supervivencia angelical que ha actuado ajeno al conocimiento de sus escribanos. No sé, solo puedo decir que la literatura de detectives es mi religión, la incólume filosofía, el prístino canal de mi clarividencia.

La observación de la realidad en la que me sumerge el método detectivesco, la certeza de que todo no es como es, de que más allá de las apariencias existen lúgubres intenciones, me fue sacando gradualmente del adormecimiento.

Un día me supe despierto, percibiendo aquello que los sonámbulos no veían: el cenagoso sudor del sueño escondido bajo la mentira del jabón, el champú, las cremas y los perfumes; las miradas aletargadas y primitivas de quienes viven en el crepúsculo del inconsciente y detrás de los lentes oscuros, y los movimientos rencos y rijosos propios del organismo dormido que bombea chorros de sangre a la entrepierna.

De un manotazo aparté las leyes humanas, placebo, somnífero de la verdad. El «bien» no radica en ellas. Las leyes no son la moral y la ética de quien ha despertado. He llegado lejos, estoy por encima de estas pragmáticas ilusorias. Mis actos no pueden ser medidos por la somnolencia general; y si todavía en esta nueva dimensión seguí estableciendo ciertas rutinas, fue para salvar mi cuello.

La rutina llevaba mis pasos, mientras mi conciencia trabajaba en otros niveles. En pocas palabras, yo era un hombre con solo dos direcciones físicas: iba de mi casa al trabajo y del trabajo a mi casa (veinte minutos como máximo de recorrido).

Era un aparente autómata, que en realidad vivía sumido en el pensamiento trascendental. Nunca me detenía, y cada imprevisto era suplido por el siguiente paso de la rutina. Como aquel día, cuando hubo una amenaza de bomba en la oficina y cancelaron las actividades laborales.

Mientras el simulacro de la angustia política de mis colegas se discutía en los bares adjuntos o se disipaba en los moteles cercanos (la promiscuidad de los sonámbulos es proverbial), yo encontré una excelente oportunidad para adelantar el siguiente movimiento del guion cotidiano: irme a casa y proseguir en mi fantástico empeño de expandir la conciencia.

Llamé a mi mujer; ella era diseñadora gráfica y trabajaba en casa. Mi intención era anticiparle algo, reírme un poco con ella. Sacar a la luz los trapitos sucios de la enfermedad era para nosotros el placer máximo, y la oficina siempre ha sido y será su más absurdo dominio. Aquel día, con tanto material fresco, me apresuré a llamarla.

Cayó la contestadora, y pensé que quizás había ido a hacerle una presentación a un cliente. Igual le dejé el mensaje anunciando mi pronta llegada.

Encontrarla en la cama, bañada y en bata, echándose aire con una revista, me desubicó. Quizás porque en el camino había acariciado con fruición la posibilidad de tener el apartamento para mí solo.

Apenas entré al cuarto, dijo que había escuchado el mensaje, que seguramente yo había llamado cuando ella estaba en la ducha. Luego acotó que, aunque se había bañado, no paraba de sudar. El calor era realmente insoportable aquel día.

La besé y me fui a lavar las manos; un ritual necesario que establecí con el fin de limpiar el fango del sueño cenagal que pulula en la calle.

En el espejo detallé mi cara por unos instantes, luego fruncí el ceño, la mirada fija en un recodo del cristal.

Dije en voz alta, para que oyera mi mujer, que me parecía una buena idea eso de darse un baño. Ella replicó que no me serviría de nada, que el intenso calor mataba toda iniciativa de refrescamiento. No le hice caso. El agua se derramó sobre mis manos y corroboré mis sospechas. Cerré el grifo, sabía que no me había equivocado.

La muchedumbre dirá que el calor me enloqueció; me nombrarán loco maniático que ha leído demasiadas novelas de misterio. Lo siento, pero la claridad extrema requiere el detalle, sobrevivir entraña cierta paranoia. La lucidez me ha traído a una región ignota donde todo ángel es terrible, y también un demonio a los ojos del vulgo soñoliento.

No justificaré mi acto, no vale la pena. Nada hay comparado al éxtasis de la revelación, nada como la apoteosis de meter los dedos en el caos para darle orden. ¡Oh sí, aquello que descubrí frente al espejo me acercó a los grandores, a La Belleza, a La Verdad!

Hace ya algún tiempo pude detectar aquel hecho curioso. Ocurrió durante la visita de una sobrina de mi esposa. Estuvo en casa una semana y, durante esos días, tomaba sus duchas con agua caliente en nuestro único baño. Siempre lo hacía en la tarde, cuando yo no estaba, o en la noche, después de mí. Sin embargo, el último día, en vista de su partida, lo hizo por la mañana. Su irreverente anticipación no me causó molestia: nunca tuve prisa en llegar al trabajo, y cualquier excusa era buena para meterme en mis libros detectivescos.

Unos minutos después, ya con el baño a mi entera disposición, abrí el chorro de agua natural, pero brotó caliente. Me pareció extraño y medité en el asunto.

Con el fin de certificar la dichosa percepción, experimenté una y otra vez con el grifo de agua caliente, y pude concluir que, al cerrar la llave, en las tuberías queda apresada una cierta cantidad del líquido a altas temperaturas. Si unos minutos después, alguien abriera la llave del agua fría, primero saldría el agua caliente contenida en el sistema.

Comprendí que se me había otorgado una pieza del caos universal y que algún día la utilizaría para colocarla sobre un dibujo aún mayor.

Aquella mañana, la de mi sobrina política, mi mano abrió la llave correcta. Aquella tarde, la que ahora nos ocupa, también giré la llave correcta.

En ese momento, al cerrar el paso del agua, se manifestó en mi mente el recuerdo de la pieza lejana y pude encajarla a la perfección en el misterio que se presentaba ante mí.

Supe que mi mujer no había equivocado los grifos; ella los conocía tanto como yo. Había sido alguien desconocido, alguien que había tomado el control de la ducha; alguien, un extraño, un sonámbulo soberbio, había decidido usar el agua caliente, a pesar de la norma establecida en casa.

Salí del baño en éxtasis tras haber completado el rompecabezas, pasé frente a la mirada atónita de mi mujer (ella quiso saber qué me había pasado, y yo respondí cualquier cosa), fui a la cocina y regresé.

Mientras la acuchillaba, recordé la esquina húmeda del espejo, la sensación del agua caliente en mis manos y, sobre todo, al vecino que me saludó en la entrada del edificio; el vecino con el cabello mojado y los lentes oscuros, atestado de aroma saponáceo y dueño de esa sonrisa pulida de quien te ve como si supiera algo de ti que tú no sabes.

EL VAMPIRO DE LOS BAJOS FONDOS

ASESINADO DOS VECES

La mañana del 12 de mayo del año 2004, los vecinos del edificio Allegro, ubicado en la urbanización Bello Monte en Caracas, reportaron que desde hacía varios días un hedor emanaba del apartamento 17-C, y que para la fecha de la llamada se había convertido en una emanación putrefacta que atrajo a una docena de zamuros.

Muchos, en especial las vecinas de mayor edad y las muchachas de servicio, temían lo peor. Según sus testimonios, en el 17-C residía una joven de vida harto sospechosa. Especulaban que había muerto de una sobredosis o que algún compañero casual, traído de cualquier oquedad de la noche, la había matado.

La policía y los bomberos acudieron al llamado y forzaron la reja y la puerta de entrada. No encontraron a la dama en cuestión, pero sí el cuerpo de un hombre sin cabeza y con tres estacas en el pecho. Una de las estacas, clavada a profundidad, había alcanzado su corazón. A esta escena macabra, se agregaría otro detalle igual de insólito: a partir de las experticias, la víctima sería identificada como Antonio Tasso, famoso jefe de la escena criminal criolla, declarado muerto un mes atrás en un atentado con carro bomba.

EN BUSCA DE UNA MEJOR PASTA

Antonio Tasso, nacido en Venezuela, de padres italianos, contó billetes en la caja registradora y comió durante años mucho espagueti, lasaña y canelones en el restaurante de sus padres en la avenida Solano.

Aburrido quizás de tanta sémola casera, Tasso se buscó otros medios de hacerse de una mejor pasta. Así, comenzó manejando carros ajenos en las madrugadas y luego pasó a traficar cocaína, heroína y *crack* entre los inquietos jóvenes de las urbanizaciones del este.

Era un muchacho persistente y temerario, y consiguió meter los dedos en la masa de primera que tanto anhelaba. Su estilo inmisericorde, abusivo y sin respeto por la vida ajena, lo llevó en poco tiempo a convertirse en uno de los capos más poderosos de la droga, y también en el que más enemigos contaba entre sus colegas.

Tal fue la desproporción de sus acciones que, al cabo de tres años en la cima del poder, ya para los inicios del segundo semestre del año 2003, su vida se había convertido en una seguidilla de amenazas de muerte y reuniones que terminaban a gritos, con armas sobre la mesa y amedrentamientos hiperbólicos de su parte. Tasso era soberbio, no hacía armisticios con nadie.

Cuando ya no hubo vuelta atrás, se le puso precio a su cabeza. Hay quien asegura que la querían servida en bandeja. Sus enemigos fueron llamados Los Salomé.

EL FANÁTICO DE NOSFERATU

Vivía Tasso en un *penthouse* ubicado en la parte alta de la urbanización Altamira. De los muchos lujos que ostentaba, le causaban especial satisfacción el televisor LCD de 100 pulgadas, el DVD y el sistema *surround*. Ellos formaban parte de uno de sus principales deleites: el cine de vampiros.

Ramiro Casanova, dueño de uno de los clubes de video que Tasso frecuentaba, nos cuenta: «Durante un tiempo fue fanático de *El Padrino* y de *Los Soprano*. Al final como que se cansó de la Cosa Nostra y se pasó a las películas de vampiros. Entonces comenzó a venir con más frecuencia. Si no teníamos nada nuevo de vampiros, se iba para otro club, y si ahí tampoco, se lanzaba hasta otro, y así... Yo creo que su fiebre por el género era más grande que la de un fanático de *La guerra de las galaxias*, y eso es mucho decir».

«Quizá la obsesión con los vampiros venga de esa sensación de superioridad, de estar por encima de los mortales que los vampiros inspiran», explica Marta Díaz Alemán, sicóloga, escritora y profesora de posgrado en la Universidad Central de Venezuela. «Los vampiros son la alegoría de la soberbia, el desprecio por lo humano, y del vivir más allá del bien y del mal, con reglas propias en un mundo reducido y hecho a la medida. Digamos que los vampiros son los mafiosos inmortales de la noche».

EL INASIBLE MATÍAS RENFIELD

Nadie ha podido establecer su origen. Hay quien lo hace originario de Inglaterra, otros de Europa Oriental. Los más suspicaces especulan que era un excelso impostor del terruño. Lo que sí es cierto es que Matías Renfield se paseaba por el mundo vestido de negro impecable, pálido, enjuto y ojeroso, como si padeciera de anemia o de alguna enfermedad romántica. Su acento, según cuentan, era intencionalmente indefinido; una mezcla de inglés con francés y portugués.

Fuentes que no han querido que sus nombres sean revelados cuentan que Renfield y Tasso se conocieron una noche de póquer en uno de los casinos ilegales propiedad de Tasso, y cuyo nombre era un homenaje a sus tiempos de fanatismo mafioso: el Bada Bing.

Dicen que Renfield le llamó la atención de inmediato. Digamos que fue un amor a primera vista. Renfield sabía de vampiros (y hasta parecía uno), era experto en póquer y resultó además un oportuno *consigliere* que vino a traer un poco de calma a la difícil situación que vivía Tasso por aquellos días.

Se les empezó a ver juntos con regularidad. En el Hummer de Tasso, en el Bada Bing, en los restaurantes de moda y en el *penthouse* de Altamira. Allí, frente al plasma, Renfield le hizo conocer clásicos como *The Hunger*, donde el erotismo revienta de placer lésbico en los senos de Susan Sarandon y en la boca de Catherine Deneuve; o joyas más recientes del género como *La sombra del vampiro*, con un Willem Dafoe tan oscuro como el enigmático Max Scherck; o el animé expresionista *Vampire Hunter D*, donde el cazador de vampiros D –mitad humano, mitad vampiro– le arrebata a un Conde ensoberbecido por los siglos una apetecible humana de nombre Doris.

Junto al televisor, sobre una repisa acrílica, la policía encontró esas películas. Pero en el reporte que da cuenta de ello, no se nombra el film que a Tasso le causó estupor y burlas. Se trata de *Dracula: Pages from a Virgin's Diary*, una versión en ballet de la historia de Stoker que Renfield, según ratificó en repetidas oportunidades más adelante, consideraba una obra maestra, pero que a su jefe se le antojó una horrorosa exaltación de la homosexualidad.

Tasso no dejaba de contar una y otra vez el acontecer de esa noche. Se infieren dos razones. La primera: servía de burla contra el circunspecto Renfield; la segunda: en esa ocasión Tasso conoció a una mujer fundamental para esta crónica.

Según el relato de Tasso, el inasible Renfield, picado por la burla de quien ponía en tela de juicio su virilidad, se hizo del celular y pidió el servicio de cuatro damas de compañía. Al cabo de media hora sonó el intercomunicador del apartamento y, en minutos, estuvieron frente a la puerta los portentos curvilíneos.

Una de aquellas damas se hacía llamar Azabache, una morena de cuerpo exuberante, que hizo de las delicias de Tasso y que, al cabo de unos meses, se convirtió en su única amante.

«Yo a Azabache no la conocía de antes», cuenta Paola, una de las mujeres que estuvieron en el *penthouse* esa noche. «La vi por primera vez cuando el taxi la pasó buscando por el edificio de Bello Monte. Pero no me pareció raro. Todos los días sale una puta nueva a la calle».

LOS ATENTADOS

El 3 de diciembre de 2003, Tasso sufrió un atentado. La escena presentó los elementos de rigor del sicariato: una moto, una ráfaga de ametralladora, vidrios rotos, chofer y guardaespaldas muertos, auto encunetado y heridas en el pecho de Tasso.

Se sabe que Renfield se encontraba atendiendo otros asuntos y que acudió a la clínica en cuanto fue notificado del siniestro.

Antonio Tasso pasó tres meses hospitalizado, uno en cuidados intensivos. A la semana de volver a la calle, el 11 de marzo de 2004, sufrió otro atentado.

Los informes policiales y noticieros hablaron de una bomba conectada al encendido del Hummer. Los restos del hombre y su chofer volaron por todas partes. Se cuenta que Los Salomé quedaron sorprendidos. Ninguno había preparado el crimen o, por lo menos, ninguno declaró su autoría. Pero no se detuvieron a meditar el misterio; Antonio Tasso había muerto, nada más importaba. Los Salomé se habían librado de su peor enemigo.

ORIFICIOS Y SANGRE

Dos semanas después, la examante de Tasso abrió los ojos en la madrugada y percibió sobre ella un cuerpo que, como si estuviera suspendido sobre una cortina de aire, se frotaba levemente contra sus carnes, al tiempo que unos labios se le subían al cuello y se abrían, dejando salir un largo bufido y una materia filosa que hirió su carne.

Aterrorizada, quizás dominada por alguna fuerza invisible, la mujer no reaccionó. En cierto momento, el ser que la sometía alzó el rostro y ella pudo verlo. No cupo en su horror: era Antonio Tasso. Entonces la mujer estalló en un grito y comenzó a batirse, intentando sacarse de encima al íncubo. Sus acciones fueron certeras: el ente huyó.

En un ataque de náusea existencial, la examante terminó vomitando en el baño. Al verse en el espejo, descubrió un par de orificios muy pequeños en el cuello y la sangre que brotaba de ellos...

Así lo contó una y otra vez esta dama cuyo nombre artístico era Azabache. Quienes la escucharon nos trasmitieron el relato de un modo casi idéntico, con escasas y poco significativas variantes, como si ella hubiera implantado un chip en la memoria de sus oyentes, como si hubiera querido asegurarse de que la blindada unidad de su historia no dejara lugar a dudas. Las marcas en el cuello también estaban; así lo aseguran nuestras fuentes.

LA VUELTA DE TUERCA

Es lógico suponer que con el fallecimiento del amo, Matías Renfield haría sus maletas y partiría discretamente. Pero no fue así, Renfield se quedó en la ciudad, y lo que es más inusitado aún, en los días siguientes regó por los bajos fondos una teoría descabellada y terrorífica. Con los ojos desorbitados cual profeta en el desierto, Renfield proclamó que Antonio Tasso se había convertido en vampiro y regresaba para vengarse de sus adversarios. El testimonio de la examante del mafioso apoyaba su increíble afirmación.

Se sabe que los jefes de la mafia desecharon los rumores. Hubo comentarios burlescos y risas a mandíbula batiente. No solo bastaba con atribuir la invención de los muertos vivos al folclor y la literatura, sino que también podía acudirse al cuerpo destrozado de Tasso para fijar la imposibilidad y llamar a la risa.

Las urgencias de Renfield hubieran pasado bajo la mesa si, en este punto, la examante no hubiera vuelto para declarar una segunda aparición del vampiro.

Se supo que estaba internada en una clínica, las drogas le controlaban una crisis nerviosa. Renfield le hizo una visita y luego solicitó un cónclave a Los Salomé. Les traía el relato que la mujer le había hecho en su reclusión terapéutica.

Según Renfield, Azabache refirió que el vampiro había vuelto a su lecho y se había apoderado de su voluntad para alimentarse de su sangre. El oscuro hombre enarboló una vez más su teoría vampírica, y esta vez el miedo sí hizo mella en el espíritu de los señores de la droga.

Llegamos así a otro momento insólito de esta historia: Renfield, el antiguo hombre de confianza de Antonio Tasso, les propuso a Los Salomé acabar con el enemigo.

Paranoicos, confundidos, los capos escucharon con atención la propuesta. El Van Helsing moderno solo requería la colaboración de Azabache, unas estacas, unos martillos, unos cuantos hombres bajo sus órdenes y, según se cuenta, un depósito frondoso en algún banco de Suiza.

LA HORA DEL DETECTIVE

Gonzalo Coronel es un hombre joven, entallado dentro de una costosa chaqueta de cuero, siempre bien peinado, siempre fragante.

Es un policía de universidad, culto, como los hay muchos en este país. Le gusta escribir, tiene un libro de poemas publicado y una mención de honor en un concurso de narrativa para jóvenes autores.

Sin embargo, tras la fascinación que pueda despertar en su interlocutor aquel hombre refinado, persiste una alerta inconsciente que te dice que estás hablando con un policía armado, un ser limítrofe que ha visto y que sabe cosas que tú nunca verás ni sabrás.

Así, con esa distancia que impone el temor, nos sentamos al fondo de un café de Los Palos Grandes con el detective que estuvo encargado del caso de Antonio Tasso hace ya un par de años.

«Solo podemos tener dos certezas», dice Coronel. «La primera: había un precio por la cabeza de Tasso, y Renfield, de la manera más bizarra, insospechada y astuta, cobró. La segunda: el atentado de la explosión fue un montaje, y quizás formó parte de un plan que inventó Renfield para Tasso, y que obedecía a una artimaña mayor del empleado para asesinar a su jefe. Eso por lo menos creo yo. Renfield engañó a Tasso. Pienso que le aconsejó hacerse pasar por muerto, que le sugirió desaparecer, y, yendo más lejos aún, creo que también le asomó la posibilidad de la venganza desde la muerte y como vampiro. Sí, es una teoría excesiva, pero posible. Tasso, al aceptar el plan, estaba también cayendo en el cepo de una conjura más grande. No sé si las apariciones de Tasso a la mujer son verdaderas. Creo que los relatos de ella formaron parte de la confabulación. Tenían la misión de darle peso a la prédica de Renfield en los tiempos que siguieron a la "muerte" de Tasso. Si seguimos esta hipótesis, imagino entonces que mientras Renfield preparaba la verdadera muerte de Tasso desde sus proclamas alucinadas, este se hallaba tranquilo en algún oscuro reducto, confiado en su asesor y en su amante, pensando que ese asunto de los vampiros era parte de la estrategia para acabar con sus enemigos. Sí, es confuso, pero intuyo que Renfield le propuso regar esa especie con el fin de clavar el temor en la frente de Los Salomé. El consejero le habrá hecho pensar que el temor —más aún, el terror— debilita al enemigo, lo hace cometer errores. Renfield era un hombre hábil, y tanto Tasso como Los Salomé estaban bajo su influjo de maestro titiritero. Por supuesto, en Tasso trabajaba principalmente la influencia de la mujer. Debemos sumar al embrujo de sus palabras, el cuerpo, la entrepierna.

»Pienso que él volvió a verla después de su supuesta muerte, que salía del reducto para visitarla en su apartamento. Si no estaba enamorado, por lo menos sí se hallaba obsesionado con sus delicias. Así, ella hacía un doble juego. Por un lado, le contaba al mundo que Tasso, muerto vivo, había tratado de chuparle la sangre, y por otro, lo recibía por las noches, se le entregaba y lo mantenía aletargado con sobredosis de sexo. Tasso, tranquilo, feliz, pensaría que las acusaciones que ella hacía en público eran parte del plan de Renfield para liquidar a Los Salomé.

»No me cabe duda de que Renfield y la mujer estaban conectados desde el principio. Esos cazadores llegaron juntos. Fíjate que ella apareció la noche en que Renfield solicitó el servicio de las damas de compañía. Según las declaraciones de sus compañeras de oficio, la vieron por primera vez en esa velada lujuriosa. Luego nada se ha sabido de ellos; se los tragó la tierra, desaparecieron como llegaron, en silencio, sin dejar rastro y al mismo tiempo».

El detective guarda silencio, enciende un cigarrillo, fuma, bota el humo. «Renfield se aprovechó de los extraños gustos de Tasso y los volvió en su contra».

Vuelve a hacer otra pausa; esta vez no fuma, sino que se queda con la mirada suspendida.

«Renfield, o como quiera que se llame, es un genio. Sí, es un genio el muy hijo de puta», concluye aquel hombre que, por debajo de la colonia costosa y de su libro de poesía, huele a matadero.

EL ASESINATO DE UN VAMPIRO

Solo había que esperar.

Renfield les murmuraba a Los Salomé que pronto Tasso aparecería. Era vampiro, y como tal, debía volver a la mujer de la que había empezado a alimentarse.

En la madrugada del séptimo día, aquel a quien suponían una criatura de la noche fue sorprendido por los hombres de Renfield en el apartamento de la examante, en su cama, sobre su cuerpo.

No sabemos si Renfield dirigió el ataque, no sabemos qué papel jugó en esta última hora Azabache. Solo contamos con el reporte de la autopsia, donde podemos leer que Tasso recibió una primera estaca que no encontró su destino. Aquel insólito trastazo intentaba alcanzar su corazón, pero quizá la inexperiencia de los verdugos en ejecuciones vampíricas, o la lucha desesperada de Tasso por la vida, hicieron que esta no alcanzara su objetivo. Sin embargo, se quedó clavada allí, en el pecho. No es difícil imaginarla sobre aquel campo martirizado por el miedo, aferrada, enarbolando la atrocidad de su empeño.

Así que la víctima recibió una segunda estaca, que tampoco encontró el corazón, y quedó plantada cerca de la otra, par de lanzas, banderillas tercas y crueles que debilitaron a la bestia antes de enfrentar la estocada definitiva, aquella tercera que por fin alcanzó el motor humano.

Varios empellones llevaron el madero a atravesar el órgano, y a asomar su punta al extremo contrario por donde había entrado, es decir, por la espalda.

También le cortaron la cabeza y se la llevaron. Aunque anómalo, no se trató de un acto irracional, pues dicha sustracción debe realizarse para completar la muerte del vampiro. Está en la literatura, en el cine, en el manual de procedimientos. Y también, como ya sabemos, eso fue lo que pidieron Los Salomé: la cabeza de Antonio Tasso, el colega inconveniente, el vampiro de los bajos fondos.

UN TAL WILLIAM

Just 'cause we're goin' on this killing,
that don't mean I'm gonna go back
to bein' the way I was.
CLINT EASTWOOD, *Unforgiven*

CUANDO EL JEFE MANZANO les dijo a Rosendo y compañía que el tal William iba a ser el asesino del Negro Meléndez, la risa se les trabó en la garganta y se les retorció como un gusano de piel hirsuta, que les hizo incómodas cosquillas en la epiglotis, hasta que no aguantaron más y soltaron las carcajadas.

El encuentro tuvo lugar un viernes en el cumpleaños de la hija de Manzano, una rumba con ocho mesas de quesos, cinco de *buffet,* una fuente artificial repleta de hielo y de vinos, puestos de perros calientes, cachapas, tacos y *sushi*; mucho tequeño, mucho whisky, mucho ron y, para amenizar, la orquesta Tártara y la presencia estelar de los hermanitos Primera. Un fiestón ideal para bebérselo todo y para meterse grandes cantidades de polvo en el baño junto con los músicos y los amiguitos de la quinceañera.

Rosendo, Pepo y Caraemuerto se habían sentado en una mesa cercana a la del jefe, que se encontraba en otra con su mujer y sus suegros. Eso sí, apenas llegaron, Manzano les dedicó una afectuosa bienvenida y le ordenó a un mesonero que los tratara bien, que les sirviera puro 18 años y que no dejara de llevarles ni uno solo de los pasapalos que salieran de la cocina.

El jefe no regresó hasta que empezó a tocar Tártara. Entonces fue hasta la mesa y les dijo qué quería presentarles al tipo que se iba a encargar del Negro Meléndez. Acto seguido los llevó a la sala de la lujosa mansión y les presentó a un tal William. Rosendo y los otros dos no pudieron dar crédito a lo que veían: se trataba de un flaco con cara de mequetrefe y pinta de cholito ilegal. Orgulloso, el jefe arrojó:

—Este es el hombre que le va a dar lo suyo al Negro.

Rosendo giró la cabeza y miró un punto vacío del espacio, Caraemuerto apretó los dientes y el Pepo lanzó los ojos contra el piso.

—¿Qué? —gruñó el jefe.

Rosendo, Caraemuerto y el Pepo negaron con la cabeza. No podían decir una palabra: tenían al infame gusano de la risa haciéndoles cosquillas en la garganta.

—¿Qué? —volvió a decir el jefe.

Los tres no aguantaron más y soltaron las risotadas. A Rosendo hasta le dieron ganas de vomitar. Y el tal William ahí, con su cara de gafo, rojo de la pena, no sabía para dónde mirar.

—¡Bueno, ya! —ordenó el jefe alzando la voz. Por el tono y la cara que puso, los muchachos entendieron que tenían que dejar la burlita y ponerse serios.

Entonces el William se acercó con la mano extendida, vacilante, tímido, y ellos tuvieron que devolverle el saludo. Rosendo no supo qué pensar cuando apretó una especie de masa ofensivamente suave. Hubiera preferido sentir una palma de lija, una prensa fuerte que le triturara el escepticismo. Pero no, nada de eso. Fue apenas la mano resbalosa de un maricón de peluquería.

Regresaron al salón en silencio.

Manzano invitó al tal William a sentarse con los muchachos y volvió a la mesa con su familia. Rosendo, que ya había visto por ahí a una morenaza, andaba pendiente de darse una vuelta de reconocimiento. Así que se fue a la pista y, de paso, a oler un poco en el baño.

Cuando volvió a la mesa para recargar el vaso, se encontró al William más disminuido aún, y a los demás riendo como hienas, disfrutando de un chiste que seguramente tenía que ver con aquel «asesino a sueldo».

–Rosendo, el hombre aquí dice que no toma – atrevió el Pepo.

–¿Que no toma?

–Sí, que él no se deja tentar por «el demonio del alcohol» –precisó Caraemuerto.

Rosendo volteó hacia el tal William. El hombrecito colgaba su mirada en la distancia, la frente en alto, grasosa, roja como el resto de su cara. Un pensamiento hizo gala de clarividencia en la frente de Rosendo: «¡Coño, este carajo es evangélico!». Sintió lástima por el personaje y hasta pensó que no debían ser tan duros con él. Pero aquellas humanitarias cavilaciones le duraron tan solo unos segundos, porque ahí mismo largó una carcajada.

–¡Que viva el demonio del alcohol y del sexo, no joda! –vociferó y le echó el último hielo al whisky. Entonces se fue a buscar a la morenaza, dejando atrás un coro de carcajadas sabrosas y el silencio apretado del tal William.

Justo en ese momento los hermanitos Primera se montaron en la tarima y empezaron con una salsa apretada. Rosendo se le fue encima a la morenaza que estaba moviendo las caderas al borde de la pista y la sacó a bailar. Ella aceptó y ahí estuvieron dándole un buen rato. Como todo hombre que baila con buen arte, Rosendo tenía la mitad del trabajo hecho. Después se sentaron en una mesa apartada, y al rato él descubrió que a la muchacha también le gustaba oler. Así estuvieron, bebiendo, oliendo y conversando hasta las tres de la madrugada, cuando se fueron para el hotel Dallas. Ahí amanecieron, con las narices pegadas a la mesa de la habitación y viendo pornos de lesbianas...

***

Antes del jefe Manzano, el Negro Meléndez no era nadie. Eso lo sabían Rosendo y todos en el mundo portuario. Como también era del conocimiento público que el Negro no había durado en sus trabajos por andar en negocios turbios que se agenciaba a espaldas de los dueños de las aduaneras o las navieras.

Era el Negro un tipo sin escrúpulos, un lanzado que amaba el dinero por sobre todas las cosas. Justo lo que Manzano necesitaba el día que, cansado de ver el lucro vertiginoso de muchos, decidió iniciar el nego-cio de peinar furgones en el puerto de La Guaira. Así que una tarde invitó a almorzar al Negro Meléndez. Ya en la mesa y sin mayores circunloquios, le propuso un trato insospechado: la tajada se picaría en partes iguales, serían socios. El Negro aceptó de inmediato.

Al cabo de unos meses, ya eran más que millo-narios. El dinero era tanto que no había manera de gastarlo y tenían que esconderlo debajo de las camas, en cajas de zapatos dentro de los clósets y en maletas de viaje y bolsos comprados ex profeso.

Pero el Negro Meléndez siempre quiso más. Eso se le veía de lejos. Al cabo de dos años se le alzó al jefe, y se fue con un general del Ejército que estaba de mandamás en el puerto.

Que dejara el pelero y resultara un desagradecido no fue tan grave, pero el asunto se puso feo cuando Meléndez comenzó a joder. Guapo y apoyado por el general, quería para él todos los negocios. Una tarde, la Guardia Nacional visitó la oficina de La Guaira. Al día siguiente, la de Caracas. Hubo una segunda vez, y también una tercera, tanto en el puerto como en la capital. Un día, la mujer de Manzano recibió un aviso de secuestro. Otro día, a la hija la amenazaron con violarla y matarla. Ahí fue cuando la paciencia de Manzano se desbordó.

El Pepo y Caraemuerto, una vez rascados y em-pericados, especularon que algo muy malo tuvo que hacerle Manzano al Negro para que se ensañara así. Rosendo sabía que el jefe no era un santo, y a lo mejor había algo que ellos ignoraban. Pero también era cierto que el Negro Meléndez nunca los quiso, y ni pío les dijo cuando dejó el pelero. Así que a Rosendo no le interesaba saber si había otro asunto en esa historia. Su chamba dependía del jefe, y si el jefe estaba jodido, estaban jodidos todos.

Quizá por esto, cuando le presentaron al tal William, Rosendo no solamente se dejó ganar por la risa, sino que también recibió una andanada de ira que no lo dejó en paz en lo que quedaba de fin de semana. Hasta metido con la morena en el Dallas, entre pitillo y trago, volvió sobre el asunto, a ratos con indignación, a ratos divertido... Y es que el William ese tenía una perfecta cara de idiota, las manos de un marico fino y para colmo no bebía porque era evangélico. Eso no estaba bien. ¿Qué le pasaba a Manzano? ¿Se había equivocado?

El domingo, ya sin resaca y en pro de su propia salud mental, se dijo que debía confiar en el jefe, que él sabía lo que hacía. Con esa idea en mente, se dispuso a enfrentar el lunes.

Encontró al tal William sentando en la recepción de la oficina de Caracas. Exhibía la misma cara de animal temeroso que le conoció en la fiesta. Lo saludó con un gruñido y fue a reportarse a la oficina del jefe.

Manzano le soltó que debía «orientar» al tal William. Comentó que él, Rosendo, había sido el que menos cara de jodedorcito había puesto en la fiesta, que esperaba que se portara como un hombre.

De vuelta en la recepción, Rosendo le dijo al William que el jefe lo había mandado a «orientarlo». El William se puso de pie y dijo:

–Solo lléveme donde almuerza el Negro Meléndez.

Rosendo se dio cuenta de que era la primera vez que le escuchaba la voz. Cuando se conocieron, el tal William no habló, y luego Rosendo se fue con la morenaza y nunca lo escuchó. ¡Pero claro!, se había enterado de que no bebía por boca de sus colegas. Ahora que escuchaba su voz, volvía a sentir la rabia y la desilusión golpeándole el pecho. El tal William tenía un leve acento andino, no sabía si colombiano, aunque era más bien neutro, y, sobre todo, suave, suave como su mano de maricón, suave como su rostro, suave como la de alguien que no ha matado ni una mosca...

Pero debía confiar en el jefe Manzano, coño, el jefe Manzano nunca se equivocaba.

El restaurante en cuestión se hallaba en Los Corales y se llamaba La Cotorra, uno de los pocos sitios que volvieron a ver la luz del mundo luego del deslave.

El dueño era un portugués de los que usan relojes Rólex y camisas compradas en Rori. Además tenía un *pool* y un bar de ficheras. La Cotorra era su dignificación, su carta blanca de admisión a la sociedad.

En la entrada, La Cotorra mostraba una pared de piedra con una fuente y unos cuantos helechos, anticipo de las piedras falsas que decoraban todas las paredes, en un arranque de supuesto lujo de taberna europea. La barra era toda de madera, amplia y lustrosa, y sus mesas eran macizas y estaban cubiertas por manteles bien lavados. Sus mesoneros, los de costumbre: unos tipos amables y eficientes para servir alcohol. Aquella barra, los manteles limpios, los mesoneros amistosos y una comida «internacional» de buen lucir le daban al sitio cierta prestancia.

Haber dejado la hospitalidad de La Cotorra era una de las cosas que Rosendo extrañaba de cuando el Negro Meléndez era del equipo. Más de una vez salieron de allí cargados de whisky y con la mandíbula tensa.

Después de la separación, Manzano no volvió. El Negro Meléndez sí. Lo hizo con sus nuevos compinches y con su acostumbrado histrionismo de risotadas y grandilocuencia de nuevo rico, dando a entender que su vida seguía siendo la misma, que Manzano había sido apenas una circunstancia, una mosca en el camino.

–Aquí es, pero el Negro Meléndez llega como a las tres y media –informó Rosendo.

Era mediodía y se encontraban frente al restaurante.

El tal William, que no había hablado en todo el trayecto, dijo:

–Está bien, espéreme aquí. Ya vengo.

Rosendo afirmó con la cabeza y el tal William bajó del carro. Viéndolo atravesar la calle, Rosendo recibió una especie de revelación perversa, malsana: aquel tipo le había dado una orden; sí, le había dicho: «Espéreme aquí». Y, si no se equivocaba, lo había hecho con su mismo tono suave, delicado, pero al mismo tiempo firme, frío, sin un atisbo de miedo, sin sonrojarse como otras veces. ¡Coño, aquel pendejo de manos de marica le había dado una orden!

Por el bien de todos y el suyo propio, contó hasta cien, hasta mil, hasta diez mil. Contando estaba cuando el tal William regresó quince minutos más tarde.

—Listo —dijo ya adentro.

Rosendo hubiera preferido algo más, una orden específica, algo que le diera la excusa perfecta para escupirle la cara y reventarle la nariz contra la consola del carro. Pero el tal William no habló más, y Rosendo arrancó.

Poco más tarde, se entregó a otras cavilaciones. Estaba intrigado. Se preguntaba qué habría hecho el William dentro de La Cotorra. A esa hora que entró, el restaurante comenzaba a llenarse para el almuerzo. Pero el Negro Meléndez, tal como le había informado, almorzaba más tarde, a eso de las tres, cuando había menos gente y podía hacerse a la idea de que el restaurante era solo para él y sus adláteres. Así que le daba curiosidad saber qué había hecho el tal William allá adentro. Ramirito, el barman de La Cotorra, fue la solución.

Ramirito, todo un dechado de virtudes, vendía perico, cogía maricones con dinero y conseguía putas a domicilio. En los años de la sociedad Manzano-Meléndez, el hombre había sido el jíbaro oficial de Rosendo, Pepo y Caraemuerto. Después de la separación, los del trío se vieron en la obligación de buscar a otros prestadores de servicios y más nunca vieron a Ramirito. Pero Rosendo aún tenía su número anotado en el celular. Nunca se debe desechar el número de un jíbaro que además es chulo.

Hizo la llamada respectiva al día siguiente de la visita del tal William. Le dijo a Ramirito que quería comprar y acordaron verse en una panadería cercana a La Cotorra, a las once de la mañana.

Ramirito llegó con sus cabellos erizados de gomina y su sonrisa de bichito de uña. Se tomaron un café y se fueron al carro de Rosendo. El barman le pasó dos bolsas y Rosendo le extendió unos billetes de más.

–¿Y esta vaina?

Rosendo le preguntó si se acordaba de un tipo con cara de pendejo que había entrado el día anterior, a eso del mediodía.

–A ese negocio entran muchos caras de pendejo, bróder.

Aquella idea del barman sabio, silencioso, confesor de borrachos, era posible entre la mayoría de los servidores de la vieja escuela, y quizás hasta entre algunos de los jóvenes que se sentían continuadores de la gran tradición del mutismo místico; pero con Ramirito el asunto era más complejo. Él navegaba entre dos aguas. En la barra, dependiendo del cliente, de la confianza que le inspirara o la sospecha que le levantara, Ramirito era más o menos afable y estaba más o menos dispuesto a ofrecer sus servicios. Fuera del perímetro laboral, nunca perdía la oportunidad para soltar la lengua y aún más si tenía el incentivo apropiado (dinero o algunas líneas del mismo polvo que te había vendido). Así que Rosendo le dio una descripción más detallada del William, le lanzó otros billetes y abrió una de las bolsas. Se sirvió un pase con la llave del carro y le brindó a Ramirito. El barman se dio con las llaves y ahí mismo se «acordó».

–Sí claro, cómo no, el tipo tenía la palabra «gafo» escrita en la frente. Y para completar, se sentó en la barra y pidió un jugo de naranja... ¡No joda! ¿Quién coño pide un jugo de naranja en una barra? Esa vaina se ve nada más que en las películas.

Ramirito volvió a meterse un pase y siguió contando.

El hombre, jugo en mano, había girado sobre la silla y se había quedado allí, viendo el restaurante. Después dejó el vaso vacío sobre la barra y pidió la cuenta. Mientras el portugués hacía la factura en la caja, el hombre le preguntó:

–¿Usted bebe?

Ramirito, suspicaz, se limitó a un parco sí, y aguardó. A lo mejor el tipo era un periquero a la búsqueda de mercancía, o un policía que se las quería tirar de héroe. Él adivinaba rápido las intenciones, su trabajo exigía esa habilidad. Pero aquel hombre que bebía jugo de naranja era atípico, difícil de escrutar.

–¿Y bebe cuando está trabajando?

Ramirito le respondió que algunas noches se tomaba uno que otro trago furtivo, pero que no era su costumbre, que beber en servicio era una ladilla.

El hombre, con la cabeza baja, mirando el vaso vacío, dijo con voz como de alguien que se está muriendo de cáncer y sabe que le quedan meses de vida:

–Yo no podría ser barman, me lo bebería todo.

Ramirito buscó la factura. Se la llevó, el hombre pagó y se fue.

–Te voy a seguir comprando –le dijo Rosendo a Ramirito, que era igual a decir: «me vas a contar más». Y así fue, unos días más tarde, después que todo sucedió.

–¡Qué duro, hermano, qué duro! –dijo Ramirito con la mandíbula tensa.

Esta vez se hallaban el Pepo y Caraemuerto. Rosendo les había dicho que Ramirito les iba a echar todo el cuento, y ellos con gusto lo acompañaron hasta La Guaira.

Se encontraban al fondo de la tasca Brisas del Mar, y hacía apenas tres días el tal William se había cargado al Negro Meléndez.

Unas cervezas hacían pasar el polvo seco que habían empezado a consumir en el baño, a escasos metros de la mesa. Ramirito ya tenía la lengua suelta y comenzaba a hablar sin tregua.

–Al día siguiente que él vino y que Rosendo y yo hablamos, como a un cuarto para las tres de la tarde, el tal William volvió a entrar al restaurante.

Rosendo afirmó con la cabeza y comentó que, efectivamente, como a esa hora lo había dejado frente a La Cotorra. Ramirito también asintió y continuó la historia.

Contó que el hombre se sentó en la barra y pidió otro jugo de naranja. Allí estuvo un buen rato, sin tocar el jugo y sin abrir la boca, encorvado, cabizbajo, como si cargara un saco de piedras sobre la espalda, como si su vida dependiera del fardo, como si sacárselo de encima implicara una horrible muerte.

Cuando por fin se llevó el jugo a la boca, lo hizo como un borracho que no ha bebido durante una semana: sin pausa, el cuello tenso y con el vaso y la frente hacia el techo. Ahí mismo pidió otro jugo y también lo liquidó de una zampada.

Cerca de las tres y media llegó el Negro Meléndez. Entró como siempre: haciendo bulla, saludando a todos, dándoles a entender a los pocos comensales que quedaban a esa hora que él era el dueño del mundo.

Siguiendo su costumbre, se acercó a la barra y le dio un apretón de manos a Ramirito. Saludó al portugués en la caja, a un par de mesoneros que se hallaban cerca y se sentó en la mesa de siempre, la que estaba pegada a la pared, junto a la registradora y próxima a la barra. Lo acompañaban tres hombres.

Mientras Ramirito preparaba el servicio para la mesa de Meléndez, se fijó que el tal William no le quitaba los ojos al recién llegado. Una vez que el mesonero se llevó la bandeja con el hielo y el whisky que él había pergeñado, el hombre lo llamó.

Ramirito lo vio poner la mano sobre la boca del vaso. Ahí la dejó unos segundos; luego la bajó, acariciando el vidrio con los dedos. Cuando la palma tocó la barra, empezó a empujar el vaso con la punta de sus dedos, muy lentamente, como sin querer.

–Hace muchos años me dejé tentar por el Maligno –dijo sin mirarlo a los ojos–. Yo no pertenecía al mundo de los hombres, hermano. Yo iba por ahí, haciendo el mal. Hasta que una noche que andaba totalmente ebrio, una luz me golpeó en la cara y me dejó inconsciente. Cuando abrí los ojos, estaba en un cuarto ajeno, sobre una cama que no era la mía. Busqué la cacha de mi pistola que debía estar sobre mi abdomen, debajo de la camisa, pero no la encontré. Di un brinco y ahí fue cuando lo vi. Era un viejo con el cabello engominado y la cara flaca y llena de huecos, con la típica pinta de borracho recién bañado. Estaba sentado en un taburete y me mostraba una sonrisa buena, como de santo, y en sus ojos había algo que me hizo sentir tranquilo. Se llamaba Remigio y era pastor evangélico. Él fue mi salvador, el que me puso en contacto con Jesús.

Desde entonces, el tal William empezó a luchar para dejar de ser un bicho malo. No bebía, iba al templo, oraba, leía la Biblia, hasta se buscó un trabajo decente en una ferretería.

—Pero el Maligno y sus huestes siempre andan por ahí, cazándote —dijo Ramirito, remedando el tono apagado del evangélico abstemio, y luego con su propia voz—: Esas fueron sus palabras, mi viejo. ¡Échale bolas! Esos evangélicos tienen una manera de hablar...

El barman se paró y tomó rumbo al baño. Ya de vuelta, pidió otra ronda de cervezas y continuó con la historia.

A pesar de que el tal William se afanaba en el buen camino, los antiguos compañeros andaban al acecho. De tanto insistir, el hombre cedió y terminó barranco abajo.

Aquella fue una noche rara. La oscuridad parecía una masa pegajosa, una criatura que los rodeaba con largos tentáculos; el frío que despedía parecía el aliento de la muerte.

Se dieron con todo. Alguien que pasó por el punto les dijo que unos con los que tenían una bronca estaban en un cumpleaños en un rancho cercano. El William fue el primero que agarró para el sitio, el primero que entró y el único que disparó.

—Sí, hermano, yo solito me cargué a los infelices esos. Pero también a unos cuantos carajitos que no tenían nada que ver con el asunto, incluyendo al cumpleañerito que ese día celebraba los ocho.

Al día siguiente, por encima de las brumas del alcohol, más allá de los golpes de la culpa y de las cuchilladas del dolor, una revelación estalló en su alma. Finalmente entendía que la bebida era su verdadera perdición. El demonio del alcohol lo convertía en un asesino, en un bicho del infierno.

Decidió no volver a tomar más nunca. Y huyó, claro; quería enmendarse, pero no era idiota. Se fue a vivir a Puerto Ordaz, y ahí empezó a hacer su vida. Buscó trabajo en otra ferretería, y se unió una vez más a la Iglesia evangélica. Pero a esas alturas del camino, en ese instante en que se encontraba sentado en aquella barra, debía decir que las cosas no estaban fáciles, que el trabajo honrado no era suficiente.

—Yo tengo una muchachita, ¿sabe?, y quiero que ella esté bien, que tenga todo lo que necesita... ropita, estudios, platica...

Ramirito escuchó aquellas últimas palabras y supo que aquel tipo iba a hacer una vaina mala. Se lo estaba avisando desde sus ojos, desde sus dedos que terminaban de poner el vaso cerca de su pañito de barman y desde aquella boca que finalmente le dijo lo que esperaba escuchar: «Sírveme un trago, hermano, un ruso negro».

–¿Y se lo serviste? –preguntó el Pepo.

–Claro, güevón, ¿tú qué crees? Ese es mi trabajo. Le serví el trago, y el tipo se lo tomó con más desesperación de la que había mostrado para tomarse los jugos. De un sopetón se tomó el ruso negro, y luego pidió otro, y después otro. Se tomó tres en menos de cinco minutos.

–¿Y entonces? –preguntó Rosendo.

Entonces, el tal William giró sobre el banquito y volteó a ver hacia donde estaba el Negro Meléndez y su gente. Los estuvo viendo un rato y después pidió otro ruso. Ese se lo tomó con más calma, viendo de reojo hacia la mesa. Cuando se lo terminó, pidió otro y giró otra vez sobre la silla. El Negro Meléndez y su combo echaban chistes. Su actitud era desagradable, ostentosa. En eso andaban cuando el tal William empezó a reírse a carcajadas. Su risa era de mentira, como burlona, como para que los otros se dieran cuenta. Y de hecho, los otros dejaron de reírse y se le quedaron viendo, primero con caras de asombro, luego con indignada cólera.

–¿Qué pasó, nojoda? –preguntó el William.

–¿Qué pasó de qué? –le soltó uno de la mesa. El tal William dejó el trago sobre la barra, se puso en pie y caminó hacia ellos. Iba a mitad de camino, dando tumbos como un mal borracho, cuando se cayó de boca y todos los de la mesa se rieron como locos, burlones, inclementes.

Lo subestimaron, bajaron la guardia. Fue un error, porque entonces el tal William se puso de pie y, sin mostrar un atisbo de ebriedad, sino más bien ágil y decidido, llegó hasta la mesa y sacó una nueve milímetros.

No les dio tiempo para reaccionar. Todo ocurrió muy rápido, como en una película de asesinos profesionales, y la acción fue certera, directa, centrada en la frente de los acompañantes.

Solo el Negro Meléndez quedó erguido sobre el respaldar de la silla; ahí, tieso, sin saber qué hacer, boquiabierto. Fue como si alguien hubiera congelado la escena, como si hubieran puesto en pausa el DVD. Porque el tal William también se quedó allí, viendo lo que había hecho, extasiado, quizás horrorizado.

Los pocos clientes que quedaban se habían metido bajo las mesas, al igual que los mesoneros. El portugués se había escondido tras la caja, y Ramirito, agachado, se asomaba discreto por el hueco por donde se entraba a la barra, un ángulo perfecto para seguir viéndolo todo.

Pasados unos segundos de quietud asfixiante, el tal William alzó la mirada hacia el techo. Su boca se movía. A Ramirito le pareció que oraba. Mientras tanto, el Negro Meléndez, saliendo de su estupefacción, aprovechó para sacar su pistola. Cuando el asesino bajó la cabeza, el Negro lo estaba apuntando, pero el tal William disparó primero. Meléndez se sacudió, soltó el arma y cayó hacia delante sobre la mesa.

El tal William regresó a la barra, agarró el ruso negro y volvió sobre sus pasos. Ya junto al Negro Meléndez, alzó el trago un poco más arriba del respaldar de la silla, lo inclinó y dejó caer el contenido sobre la cabeza de su última víctima, en un chorro delgado pero constante que producía un sonido apagado y compacto, como de hombre que mea sobre grama.

—Que resucites en el infierno, hijo de puta —dijo el tal William una vez que derramó todo el líquido.

Con parsimonia despreocupada, dejó el vaso sobre la mesa y caminó hacia la salida. Al pasar junto a la barra, se inclinó un poco para ver a Ramirito y le dijo:

—Que Dios se lo pague.

Para cerrar, soltó una risa maluca, una risa que no coincidía con el hombre que había llegado pidiendo jugos, pero sí con el que se había zampado más de cinco rusos negros y disparado sobre cuatro hombres sin errar un solo tiro, sin dejar a ninguno vivo.

—¡Mierda! —dijo Rosendo con los ojos muy abiertos—. Ese coñodesumadre está loco.

—Sí, viejo, loco de bolas —dijo el Pepo.

—Y con esa pinta de pendejo —agregó Caraemuerto.

Cada uno de los presentes hizo uso de su cerveza.

—¿Y lo han vuelto a ver? —preguntó Ramirito.

—No, respondió Rosendo, como ya dije, ese día

lo dejé frente a La Cotorra, y antes de bajarse me dijo: «Muchas gracias, no me espere». Yo me fui para Caracas y como a las cinco llegó Caraemuerto a contar lo que había escuchado en la radio.

Caraemuerto afirmó con la cabeza y contó:

—Sí, en la radio decían que había habido una matazón en un restaurante de Los Corales. Ahí mismo prendimos el televisor. En todos los canales estaban hablando de la vaina.

El Pepo completó:

—Y el jefe Manzano, que estaba ahí con nosotros, nos dijo: «Vieron, cuando yo dije que ese carajo era arrecho es porque era arrecho».

Los cuatro supieron que se avecinaba un trozo de silencio incómodo, así que volvieron a hacer uso de las cebadas.

—Y pensar que nos reímos del William en su cara —se atrevió Caraemuerto.

Hubo otro largo silencio escamoteado tras las bocas de los vasos.

—Y en la fiesta de la hija de Manzano nos burlamos porque era evangélico —dijo el Pepo.

Rosendo prefirió callar. El silencio se hizo aún más poderoso, pesado, incómodo. Ya el truco de los tragos no servía para nada; así que nadie bebió.

Rosendo se puso de pie.

—Ya vengo, voy a... —dijo señalando el baño. Los otros afirmaron con la cabeza y dijeron cualquier cosa—. Por cierto, pídanme un ruso negro —agregó Rosendo en un intento de quebrarle las piernas a ese silencio ácido y duro.

Todos se echaron a reír con estridencia. Pero sus risas eran falsas y no llegaban a solapar la tórrida certeza de estar vivos de vaina.

Rosendo dio media vuelta y se alejó. Al entrar al baño, vio reflejada en el espejo su falsa sonrisa. Esquivó la mirada, dejó de sonreír y empujó la puerta del reservado.

LOS MUERTOS NO SIENTEN FRÍO

Míralos, al gordo y al narizón. Están muertos. Son vergas priaposas sobre el moho verde del bulevar. Sus córneas secas y endurecidas apuntan al cielo como si contemplaran con velada sabiduría a los zamuros que dan vueltas en la espiral de la muerte. Y su sangre, ya seca, marca un camino de hormigas asesinas hasta los intersticios de las baldosas, y más abajo aún, filtrando el suelo, dándole de beber a la tierra.

Los primeros buhoneros empiezan a llegar. Les registran las ropas. No hay carteras, ya los huelepega se las llevaron.

Es hora de llamar a la policía, es hora de que venga la ley y desmonte la obra de arte, la instalación efímera que armó la noche de Caracas y que nos remite a una historia que los agentes no sabrán contar o que contarán como mejor les parezca en reportes atiborrados de hastío y de errores ortográficos.

Y mientras tanto, el gordo y el narizón están ahí tirados, con su historia tallada en alguna parte de sus pupilas.

Solo hay que atreverse, solo debes acercarte y saber mirar. Ven, lee el trazo, la línea sinuosa, la sierpe desollada que nos lleva al interior de un bar en el Callejón de la Puñalada, a un mundo de oscuridad inmensa y llena de espejos, donde todo fluye sabroso con Maelo y las caras lindas de su gente negra, hasta que se prenden las luces y Maelo se calla la boca...

Un bar con luces encendidas y sin música es una visión cargada de espanto. Los espejos empiezan a gritar, los rincones estallan hacia el centro y las sombras se refugian como ratas debajo de las mesas. Es como si un dios con un extraño sentido del humor hubiera abierto un hueco en el techo del infierno, un hueco por donde pasara la luz celestial, y todos, demonios y almas en pena, hubieran sido atrapados *in fraganti* haciendo cualquier porquería vergonzosa.

El bar de La Tati, que así se llama este bar de lesbianas, es en este instante ese infierno develado y fuera de servicio. Un infierno de lesbianas furibundas, indignadas con aquel gordo y con aquel flaco narizón, dos intrusos lanzados allí por el dios burlón, machista e hijodeputa que encendió la luz.

Los dos vestiglos machos están de pie sobre el borde de la pista y miran con asombro y desprecio a la mujer gruesa, pelo corto y con cara de llanero malo que está formando una retahíla descomunal. Es un león, una posesa, un súcubo-íncubo. El gordo asquerosodemierda se ha metido con su carajita, con su morenaza, con su culito, con su ricura, y tiene una sonrisa fea, extraña, una sonrisa que podría decirse química, forjada en el ácido de la maldad por el duende que vive en el interior de las bolsas de perico. Con esa sonrisa no es necesario hablar, el gordo lo sabe y, por eso, se limita a sonreír el muyhijodeputa, suficiente para que la mujer llanero se encolerice más todavía y le arda la tapa de los sesos con todo el polvo que se estaba metiendo en el baño (porque ella también es aficionada a despertar al duende que vive en el blanco substrato de la bolsita), en el instante en que el gordo se acercaba a la morenaza y le decía cuatro vainas, cuatro vainas bien atravesadas, bien véngase pacá mamita (y la otra le sonreía, le seguía el jueguito... tan lesbiana como que no era, la carajita).

En eso estaban cuando la marinovia salió del baño, muy engorilada y la totona alborotada, con ganas de meterle mano a su ricura, con ganas de meterle la lengua hasta el fondo de la garganta, la lengua llena de coca, la lengua cascabel, la lengua encendida, la lengua birrionda.

Ya se imaginaba la mano de la ricura en su totonapene, y la mano de ella en la totonatotona de la ricura, cuando vio al gordo ese desgraciado cayéndole a su jevita. ¡¿Qué vaina es esta!?

Se le fue encima, y mira coñodetumadre qué es lo que te pasa a ti con mi jeva, y el gordo que se marca la sonrisa con la navaja de la noche y ahí se la deja, plantada, incólume, camorrera. Y la mujer caporal, barbotando insultos, bate una mano y con la otra se toca el puñal caliente que le palpita en el bolsillo trasero del pantalón. ¡Mira que te rajo, gordomamagüevo! Pero el gordo no dice nada, el gordo se limita a la sonrisa, y la mujer con cara de llanero malo se indigna cada vez más.

¿Y el narizón? El narizón está al lado del gordo; se divierte y no se divierte. Así siempre ha sido el narizón. Está ahí, mandíbula de concreto, dientes apretados, acobardado y al mismo tiempo dichoso. Porque el narizón, aunque jamás haya escrito una línea, se jura escritor.

El gordo por fin dice algo. Dice bajito, entre dientes que rechinan: Jódete, plastaemierda. Más nada. Suficiente. La Furia se le lanza encima con el cuchillo por delante. Un coro de mujeres histéricas hacen de pared. Y la del puñal se resiste, se sacude, grita, vomita emanaciones mefíticas, seres deformes del infierno de El Bosco. El gordo la mira desde arriba, desde su altura descomunal, le brillan los ojos y la sonrisa blanca. Da un manotazo en el aire y vuelve a decir: Nojodachica. Voltea entonces a ver al narizón y le dice vámonos.

Los vestiglos intrusos bordean a la falange de lesbianas que contiene a la vociferante, mientras esta no para de lanzar sapos, culebras y homúnculos deformes contra los espejos del bar.

En la puerta, un negro gigante se les queda viendo. Es el portero y quiere lucir amenazante. Pero no puede, el asunto le da risa. Quizá por eso no intervino como se supone que debe hacer todo portero para justificar el sueldo. Quizá por eso no se metió en la triste disputa: por solidaridad, porque en el fondo le da la razón al gordo, porque le parece que esa marimacha del carajo no se merece a una mamita tan rica. Así que el gordo y el narizón pasan junto al portero negro gigante tranquilo callado medio sonriente, y salen a la calle. A ese pedazo de calle sucio y melancólico que es el Callejón de la Puñalada.

Salen del bar, y siguen la ruta que marca la salsa brava del Tío Pepe. Entran, se sientan en una mesa al fondo. Piden cervezas y les da por invocar el fin del mundo y las profecías de Nostradamus. Esta vaina se jodió, mi hermano, porque no puede ser que una carajita tan sabrosa ande con una marimacha tan fea, no joda.

Entran y salen del búnker que sirve para orinar y para olerse las nubes blancas de la noche.

Se les acaban las bolsas. Quieren más. El narizón sale. Le pregunta al portero. Nada. Sigue adelante, otro portero, otro bar. Más allá, le dice el otro portero, como los indios a los conquistadores. Sí, más allá, más allá está El Dorado. Pero el narizón no continúa sin el gordo. Se regresa, le cuenta, pagan y se lanzan tras el cirro violento de la noche.

Sus narices los guían, como perros de caza, como perros desesperados, como perros que olfatean sangre, que rastrean muerte. Y siguen más allá, más allá a la búsqueda de El Dorado.

El narizón, desorientado, se atreve con unos huelepega. Los niños del olvido dicen que sí, cómo no, véngase por acá. Y ellos, demonios adictos que sonríen, se van tras los espectros oledores. Total, los espectros son espectros, no pueden hacer daño, no matan, ¿o sí?

Llegan a un cruce, a una encrucijada. En la esquina, una mujer los está mirando; el cabello sucio, duro, desgreñado. Más allá, una manada de perros y un caballo esmirriado. La imagen es extraña, pero ya en Sabana Grande nada es inverosímil. Y ellos siguen tras la pista del cirro blanco de la noche, hasta que se dan cuenta, hasta que ya no pueden ir más allá, porque los espantos los rodean, porque son un muro, una plaza, una arena.

Salen de la oscuridad dos seres de edad congelada en el barro de los vicios. Bájense de la mula con todo lo que tienen, dicen los jefecitos de la banda. El gordo sonríe navajas. Los manda para el carajo, se da media vuelta y de un manotazo –le encanta dar manotazos– aparta a dos huelepega.

Uno de los adolescentes se lanza contra el narizón, lo alcanza por el hombro, le da vuelta. El narizón esquiva un golpe de chuzo. El gordo vocifera un coñodelamadre que es como un grito de guerra, hala al narizón del brazo y camina hacia la bocacalle.

En la esquina, allí donde estaba la mujer loca, les dan alcance los niños fantasmales y los dos mandamases. Los vuelven a rodear. Chuzos y cuellos de botella filosos rasgan el aire frío y malsano del bulevar.

Algo, un bulto pesado, se atraviesa.

Es la presencia sorpresiva de la Furia, de la mujer león, que con su puñal raja a uno de los jefecitos, y lo lanza contra una santamaría y un montón de bolsas de basura. Aprovechando la confusión, el gordo le parte el alma al otro y arroja sus huesos de barro en el mismo lecho de bolsas. El narizón se queda atrás, inmóvil, protegido por el gordo y la mujer llanero. Los espíritus oledores giran en torno a la escena como crías de hienas, animalejos desesperados que no saben expresar el temor y amasan risa con llanto. No hacen nada, no necesitan arriesgarse, no le deben nada a nadie, mucho menos a aquellos dos que los atiborraron de pega y hasta les dieron por el culo sin pedirles permiso ni hacerles un cariño. Después de reír y bailar en círculo, los espectros se alejan.

Los otrora patroncitos yacen sobre las bolsas, rotos hasta en la cédula, y el gordo y la mujer llanero están uno al lado del otro. El gordo se le queda viendo y da las gracias. Es un momento de camaradería, un momento de héroes, de duros bizarros, de escena de cine de Álex de la Iglesia. Ella sonríe, se le acerca, como para darle un abrazo o apretarle la mano y, sin decir palabra, clava el metal.

El puñal sale y entra rápido, una, dos, tres veces. El gordo se echa hacia atrás, con las manos en el estómago, los ojos desorbitados, gruñendo hijadeputa hijadeputa hijadeputa... Se resbala en la acera y cae sobre el piso enladrillado del bulevar. La mujer león se agacha para seguirle dando con la hoja. El narizón se le viene encima, la agarra por los hombros. La mujer, de rodillas, dobla el torso y manipula el puñal. El filo sale disparado, como un fuego artificial que asciende y termina clavándose en el pecho del narizón. Ella suelta el arma, retira la mano e intenta ponerse de pie. El narizón le ataja el brazo, la detiene, pero unas manchas negras y rojas le estallan en los ojos y se le va la fuerza. La mujer infernal se incorpora y se retira, como para contemplar una obra de arte de su gusto. Abre la boca y suelta un bufido saturado de placer. Él ve que le faltan dientes, que tiene caries y unos colmillos grandes, vampirescos. Solo un pensamiento acude a su mente: ¡Qué bolas tiene la mamita rica de andar con esta vaina tan fea!

La mujer se inclina, aprieta el mango, saca el cuchillo, se alza, toma un trago del éter sucio de la noche y vuelve a clavar la hoja en el cuerpo del narizón. Lo saca y él cae de rodillas, y luego de frente, contra los ladrillos verdes y babosos del bulevar.

De la oscuridad sale la mamita, se acerca a su amante. La mujer león tiene las manos llenas de sangre, se mete los dedos a la boca, se pasa la sangre por los labios y, de un tirón, atrae a la mamita y la besa. Sus lenguas se regodean con la sangre.

En la esquina, la dama loca, los perros famélicos y el caballo cadavérico flotan traslúcidos, como fuegos fatuos.

Los huelepega aguardan en la oscuridad. Cuando la mujer llanero y la mamita se alejan, abrazadas, caminando tranquilas, los niños hienas se acercan a los cuerpos y comienzan a hurgar, a buscar las carteras, los billetes...

Y así fue como el gordo y el narizón terminaron yertos sobre el piso del bulevar. Ahora ya sabes la historia, puedes seguir tu camino y perderte en cualquier oficina iluminada, pulcra y segura. Anda, sigue; sabemos que la mañana es fría y te quieres ir.

Vete tranquilo, que los muertos están bien, que los muertos no sienten frío.

SAÑA

Necesito contar esta historia. Necesito inventarla.

Más bien torcerla y concluirla.

Para no terminar en el edificio de al lado.

Para no ser lo que mi personaje va a ser. *(Va a hacer)*. Él, y no yo.

Porque yo ya hice una parte, ya me equivoqué, y me quiero detener ahí...

Necesito contar.

Necesito llenarme las manos de tinta. De la tinta imaginaria de la escritura.

A ver si con la tinta lavo el ardor de mis manos.

Comienza mi personaje diciendo que no le vengan con cuentos. Que nadie puede negar que, por lo menos una vez en la vida, se ha encontrado en una situación en la que ha deseado ser malo, una circunstancia en la que provoca llenarse de saña, que es algo así como toda la maldad del mundo, y actuar en consecuencia, tal como lo harían los Corleone o los Soprano. Es decir, hacer justicia... no, hacer justicia no: vengarse. Vengarse hasta el final y a pesar de todo.

Pero uno nunca sabe en qué instante se empieza a incubar la condena del alma...

Quizás todo se inició hace años, cuando vio por primera vez *El Padrino.*

O cuando quedó prendado de *Los Soprano* y dijo: «Yo quiero ser así».

O cuando se mudaron a esta urbanización, la misma donde yo vivo ahora, la misma donde escribo. La que tanto le gustó a mi personaje y a su esposa por tratarse de una larga avenida ciega, rodeada por un cerrito, que es como una muralla contra el caos. Una isla tranquila, una isla con árboles, sombras, parquecitos para niños, edificios pequeños y puestos de estacionamiento al frente de los edificios, puestos sin rejas, sin alambrados, sin paranoias citadinas.

O cuando el loco del edificio de al lado, el del 9A, empezó a quejarse por los ladridos de Archi. Porque es verdad, el perro ladraba con un tono histérico, agudo. Era un caniche, y los caniches son falderos, eléctricos, desaforados, ruidosos.

A él nunca le gustó ese perro. Fue un regalo que le hizo la madre de su futura esposa para ayudarla a sacarse de encima una desilusión amorosa. ¿Cómo carajos puede uno querer a un perro que fue comprado para tales fines?

Aun así, mi personaje, con su gran corazón de hombre enamorado, intentó quererlo, y hasta estuvo de acuerdo con meterlo a vivir en el edificio, a pesar de las restricciones. Porque desde el principio la vendedora les advirtió que no se podían tener animales. Pero eso no los detuvo. Compraron el apartamento y metieron a Archi. Ya con el contrato firmado, los muebles y Archi en casa, leyeron los estatutos del edificio. Efectivamente: estaba prohibido tener mascotas. No entendieron a qué se debían tan «inhumanas» reglas, hasta el día en que el vago drogadicto del edificio vecino comenzó a dejarles notas en el apartamento.

El asunto era para asustarse. Aunque las notas no tenían nada de amenazantes, estaban escritas con una letra puntiaguda, desordenada, gruesa. Mi personaje nunca ha visto la letra de un loco peligroso, pero está seguro de que esa es la caligrafía que le correspondería. Además, el hombre vive en el otro edificio. Hay que tener maldad y alevosía para venir a traer una nota de un edificio a otro. ¿Cómo se las había arreglado para entrar? Mi personaje se lo imagina en la puerta, esperando la llegada de un vecino ingenuo, cordial.

Recuerda una nota claramente: «Señores, por favor, el perro ladra mucho, hoy no paró de ladrar en dos horas. Por favor, hagan algo». No, no era una nota amenazante. Pero la letra...

La conserje les confirmó que, en efecto, Archi ladraba muchísimo mientras ellos estaban en el trabajo, que el vecino ese medio loquito del edificio de al lado, el del 9A, había venido a reclamar. Pero loco y todo, igual tiene derecho a reclamar, ¿no? Y es que el perro ladra mucho, sí, ladra todo el día.

Mi personaje supuso que al decirles aquello, la conserje se llenaba de regocijo por dentro: «¿Vieron? Por eso no se pueden tener mascotas en el edificio».

Un día les llegó una nota diferente: «Voy a llamar a la policía».

Esto ya era una amenaza. Del tipo «legal», digamos, pero era una amenaza seria, que implicaba una posible acción en su contra por la que podían verse afectados, sobre todo considerando que los estatutos del edificio establecían la prohibición de las mascotas.

Tenían todas las de perder. Así que tuvieron que hacerlo. Tuvieron que operar al perro.

Los estúpidos, los superficiales, hablarán de crueldad. Pero mi personaje les podría hablar de las auténticas crueldades. Crueldad es salir del perro, abandonarlo en un basurero lejano, regalárselo a algún conocido, venderlo o cualquier solución rápida que te permita deshacerte de él. Todas estas salidas sí son crueles, y que no le vengan con pendejadas.

Le operaron la garganta a Archi para poder seguir viviendo con él. Y que conste que la mascotica nunca le agradó, pero él ama a su mujer y, por ella, cualquier cosa.

Y entonces, un día, su esposa pasea a Archi y a su hijo por la tranquila urbanización en que mi personaje y yo vivimos. Cabe destacar que el niño va en coche, y el perro sujeto a su correa.

Del edificio de al lado (maldito edificio de al lado), sale una vieja.

Una vieja horrenda, como todas las viejas horrendas de esta ciudad.

Una vieja sin marido, con las piernas flacas, las tetas caídas y con sostenes horribles que se le marcan o se le salen.

Una viejas de esas con pantalones capri y chancletas.

Que toman Calcibon.

Que se han quemado el pelo de tanto secador de peluquería.

Que, sin bótox, tienen los labios hinchados y deformes.

Una vieja de esas, digo, sale del edificio de al lado también con su caniche. (Nuestra urbanización –la mía, la de mi personaje– tiene el récord de caniches por metro cuadrado de Caracas). La mascota de la vieja es una hembra. Una hembra caniche sin correa, para ser más específicos. Una hembra agresiva (sin correa), siempre maluca (sin correa), siempre en celo (sin correa). La devoradora de hombres... perdón, de perros caniches. Porque la muy desgraciada perra, apenas toma la calle, se lanza sobre Archi y le cae a mordiscos.

Su mujer, desesperada, gritando, empieza a halar de la correa al perro, al tiempo que con la otra mano aleja el coche de su hijo de un año, lejos de la turba de dientes y gruñidos que se sacuden abajo, cerca de sus piernas.

El niño comienza a llorar, no entiende nada, se asusta al escuchar los gritos de su madre. La vieja, por su parte, nada hace. Apenas llama por su nombre a la perra, tranquila, impávida, como si la perra le estuviera lamiendo los pies a Cristo y no enfrascada en una pelea a dentelladas.

Finalmente, la esposa, arriesgando sus dedos, mete la mano y logra sacar a Archi.

Las manos de su mujer tienen sangre. Archi sangra.

La esposa reclama. Le cuestiona a la vieja que saque a la calle a esa perra salvaje sin correa. La vieja, como si nada hubiera pasado, empieza a decirle estúpida, ridícula, cómo se te ocurre operar al perro, cómo se te ocurre haberle quitado las cuerdas vocales al pobre perro, eres una loca, una degenerada. Esa es la respuesta de la vieja, su astuta y perversa respuesta.

Mi personaje no estaba allí. Este episodio se lo refirió su esposa unas horas más tarde. A él le hubiera encantado estar para hacer algo, para darle un cachetón a la maldita vieja... O no, mejor para hacer algo que la llenara de miedo, algo maluco, saturado de veneno mortífero, como lo harían los Corleone o los Soprano.

La oportunidad llegaría un par de meses después.

Están en el parquecito: él, su esposa, la madrina de su hijo (hermana de la esposa) y el hijo. Allí está prohibido ingresar con mascotas, así que su esposa dejó el perro afuera, la cadenita amarrada a un árbol.

Archi, echado, descansa, huele la grama y la tierra, contempla.

Todo bien, todo fluye, las nubes, el azul, la brisa, el tobogán, la esposa en un banquito con su hermana, el hijo en el sube y baja con el padre. Todo bien hasta que aparece la vieja de la perra. Sale del edificio con dos amigas, otras dos viejas horrendas, una de ellas en particular muy llamativa: una mujer gruesa, de cabello corto y facciones duras. Y por supuesto está la perra, la maldita perra salvaje, la maldita perra ansiosa de sexo, descontrolada de tanta abstención, histérica y sin cadena. Sin cadena una vez más.

La perra ve a Archi y se le va encima. Mi personaje lo está viendo todo. Le llama la atención a su esposa (no puede salir corriendo, está con el niño). La esposa, en cambio, se apresura fuera del parquecito. Ya la perra le está dando mordiscos a Archi, pero ella logra alzarlo y se queda allí, frente a la vieja, que está como si nada.

La esposa increpa:

–¿Tengo que decírtelo otra vez?

–No tienes nada que decirme –replica la vieja.

Su esposa la llama irresponsable, calificativo que le había lanzado en el incidente anterior. También le espeta que una vez más sacó a la perra sin cadena. La vieja responde que ella quiere a los animales, que no va a sacar a su perra con cadena, que nunca le haría daño.

–En cambio tú... –suelta la vieja entre dientes– lo que le hiciste a tu pobre perro no tiene nombre.

La vieja, también con su mascota en brazos, vuelve donde las amigas. Ya junto a ellas, dice a viva voz:

–¿Saben lo que le hizo ella a su perro?

Luego comienza a contarles, pero en voz baja. Seguramente les cuenta que al perro le operaron las cuerdas vocales.

Una de las acompañantes, una sierpe parecida a Lila Morillo, exclama:

–¡Pero qué horror!

Mi personaje, que ya viene maquinando desde hace rato (desde la primera vez que su esposa le contó del primer encontronazo), decide que es el momento de intervenir. Le murmura a la cuñada que le siga la corriente y luego proyecta la voz hacia las viejas:

—No te preocupes por esa loca, mi amor. Si la gente supiera lo que hace cuando cree que nadie la está viendo.

La esposa voltea hacia él, desubicada, perdida, pero mi personaje ya está inclinado sobre la cuñada, diciéndole al oído cualquier cosa.

La cuñada abre los ojos muy abiertos y gira hacia la vieja, indignada, horrorizada, sorprendida. Es actriz, ha trabajado en algunas telenovelas.

—¿De verdad? —dice.

—Totalmente —responde mi personaje.

La vieja a la que está dirigida la supuesta acusación se ha detenido en medio de la calle, boquiabierta. Todos sus átomos vibran estremecidos por un fuego interno, por una revolución radioactiva, por un sacudón de protones. Se siente, se nota que está a punto de convertirse en una bomba nuclear.

La vieja comienza a caminar, pasa junto a la esposa como si no existiera y se detiene ante la reja que separa la calle del parquecito.

En ningún momento le ha quitado los ojos de encima a mi personaje. Su cara, enrojecida por el maremoto de protones, se ilumina tras la onda expansiva que surge desde una sonrisa que se abre hambrienta y atroz como una flor caníbal.

—Supongo que el señor es el esposo de la señora —encaja la vieja.

—Es correcto —responde mi personaje, inexpresivo.

–¿Y qué será lo que el señor sabe de mí que los otros desconocen, a excepción de la señorita que está con usted?

–Prefiero callarlo –replica mi personaje y, haciendo una pausa magistral, agrega–: Por su propio bien.

–Ah, muchas gracias, pero agradezco que lo haga público –dice la vieja entre dientes.

Mi personaje responde con una sonrisa que el enemigo pudiera definir con absoluta exactitud como «detestable».

–Insisto –dice la vieja–, me da mucha curiosidad enterarme. Sobre todo porque yo a usted no lo conozco, y me intriga que sepa de mí alguna cosa íntima que, a juzgar por sus palabras y la expresión de la señorita, es realmente vergonzosa.

Mi personaje presiente que algo no está bien.

¿Qué puede ser? De pronto comprende. Lo asalta una sensación de miedo, como la del hombre que se asoma ante una caverna oscura y tétrica sospechando la presencia de un animal peligroso, de un enemigo de altura, poderoso y mortal.

Y es que mi personaje no se esperaba esa actitud, esas palabras, ese discurso elaborado. Desde el principio, desde aquella vez que su esposa le contó sobre el primer percance, él se dio a la tarea de elaborar una respuesta ejemplar, magnánima, de personaje maléfico, inteligente, de personaje de ficción pensado por un escritor malsano. Pero ahora, ahora aquella vieja actuaba, hablaba, respondía como... como otro personaje de ficción pensado por un autor aún más perverso. Sí, aquella maldita vieja no funcionaba como se suponía que debían funcionar todas las viejas espantosas. O eso por lo menos pensaba él hasta hace algunos segundos. ¿Será que esas señoras reaccionan así, y él lo ignoraba? ¿Será que cometió el peor error de su vida?

Mi personaje no sabe qué hacer. Siente cómo los caballos de los hunos comienzan a pisotear sus tierras, a rodear su hasta entonces plan perfecto. Necesita tragar saliva, pero no lo hace. Es un recurso absurdo, barato, y él debe mantener su dignidad.

—Señora, es muy feo lo que usted hace cuando cree que nadie la está viendo. La vieja mueve la cabeza a un lado, lo hace como desde una profundidad felina.

—Prefiero callar, por su propio bien… doñita —agrega mi personaje.

La vieja vuelve a ponerse tensa. Entrecierra los ojos. Parece tener una respuesta engatillada, pero calla, y gira, y se va. Mi personaje, aunque más tarde reirá su ocurrencia junto a la esposa y a la cuñada, sabe desde ya que aquello no ha terminado. Que nadie ha salido victorioso, que apenas comienza la guerra, una guerra que, como todas, va a terminar con sangre.

Unos días más tarde, una nota en su carro vuelve a encender las luces de emergencia. La nota está escrita con una letra diferente a la que conoció de manos del loco drogadicto. Es una letra de mujer, delicada, firme. La nota dice: «¿Qué será lo que hago cuando creo que nadie me ve? Dígamelo usted».

Esto ocurre un lunes en la mañana, con mi personaje bañado y perfumado para ir al trabajo, el momento menos esperado para encontrar una nota de tal calibre. Mi personaje pasa todo el día desubicado, nervioso. Nada le cuenta a su esposa.

A la mañana siguiente no hay nota, pero sí una raya en la puerta del conductor. No es larga, pero sí notable, quizás hecha con una llave, como se hacen todas esas rayas que afean la carrocería. Él siente la epilepsia de la ira, la lava en el rostro, y concibe una venganza inmediata. Recuerda a las amigas de la vieja. A una en especial, a aquella que tiene aspecto de macho.

Se devuelve al apartamento. Le dice a la nana que se le quedaron las llaves del carro; luego, en la cocina, comenta que acaba de ver a la vieja horrible del otro edificio.

–¿Cuál?

–La de la perra que mordió a Archi.

–Ah, la del apartamento 7B.

La del siete 7B, la del siete 7B, la del 7B... memoriza y luego responde:

–Esa misma.

Mi personaje le dice que la acaba de ver abajo, agarrándose de manos con una amiga, con aquella que parece un hombre.

–Con razón no tiene marido y vive sola –responde ella con regocijo malsano.

¡Listo! Él ya no tiene que decir más.

La nana, esa negra joven, despierta y habladora, se encargará de lo demás. Ese es el verdadero oficio de las nanas: regar entre ellas las vidas privadas de sus amos, llevarlas al interior de las casas y pasárselas también a sus señores. Esa es su pequeña venganza contra los bienaventurados, el alimento que las hace sobrevivir por encima de sus vidas sacrificadas, incómodas y desposeídas.

Satisfecho con su habilidad para la concitación, mi personaje maneja a la oficina, sonriente, orgulloso, pero sin olvidar la raya en la puerta, tal como si fuera una cicatriz en su rostro.

Al término del día laboral, ya estacionándose en su puesto, ve a la vieja recibiendo a una amiga que se está bajando de un carro. La amiga es la mujer gruesa de cabello corto, pantalones y camisa hombruna. Él piensa: Esta vieja todavía no se ha enterado.

Luego, desde el balcón, estará pendiente de la despedida, oteará en las ventanas, descubrirá los rostros que espían, mientras abajo, la vieja, inocente, despide a su amiga con aspecto de lesbiana dura.

Dos días más tarde, en su oficina, recibe una llamada en su teléfono celular.

Es la vieja.

–Buenas tardes –dice la arpía–, ya me llegó el rumor. ¿Era eso lo que usted supuestamente sabía de mí? Esa falsa noticia sobre mi sexualidad.

Él, sorprendido, algo atemorizado, pero al mismo tiempo lleno de rabia, le pregunta cómo consiguió su número.

–Pregúntele a la nana de su niño.

Hay un hueco de silencio.

–No se acerque a mi hijo –dice entre dientes mi personaje, aparentando frialdad asesina.

La vieja responde:

—No se preocupe, me limité a la cachifa, a esa que regó el rumor por la urbanización. En verdad que es una muchacha fiel a sus empleadores, obediente, sin dudas. Pero también es tonta, muy tonta. Fue fácil engañarla.

Él busca una respuesta rápida que lo saque del tema de la nana, un barril de brea que no deje cabida para los estragos del silencio sobre las paredes de su batería de guerra.

—Lo siento mucho por usted, una señora en apariencia tan decente. Ahora todo el vecindario habla de sus gustos sexuales —suelta mi personaje y cuelga.

Nota su corazón acelerado, la catástrofe en su pecho y, hasta cierto punto, se arrepiente de haber comenzado aquel conflicto con la vieja loca. Pero no dejará que la duda lo tome por asalto.

Acto seguido pone como pretexto una emergencia con su hijo y pide permiso para ausentarse del trabajo. Solo piensa en llegar deprisa al apartamento, en llegar para resolverlo todo antes de que su mujer vuelva de la oficina, ignorante ella del romance del odio, de la infidelidad iracunda que existe entre él y la pérfida vieja.

Apenas entra en su casa, se da cuenta de que la puerta del cuarto de su niño está cerrada; eso quiere decir que está durmiendo una siesta. Suspira aliviado. Los dioses están a mi favor, se dice. Le reconforta saber que puede actuar sin mayores obstáculos. Solo tiene que hablar en voz baja para no despertar al niño. Solo eso.

Interpela a la nana. La muchacha, desde la esquina de su temor, responde que por la mañana alguien llamó al intercomunicar. El hombre, que se identificó como un mensajero de banco, dijo que traía una tarjeta de crédito para él. Ella contestó que la recibiría en su nombre. El supuesto mensajero replicó que solo podía entregársela al tarjetahabiente, y que si no era mucha molestia que le pasara los teléfonos para comunicarse con él. Así fue como ella, inocentemente, le facilitó el número de su celular y de la casa.

–¿Pero te volviste loca? Y para colmo le das el número de la casa –le espeta mi personaje sin alzar la voz, pero dejando expresar toda su virulencia en sus gestos.

Entonces suena el teléfono. Él voltea hacia el aparato y se queda suspendido en el tiempo y en el espacio, en el *loop* del timbre, fanfarria del encono, obertura de la voz infernal.

Contesta, y de inmediato habla la vieja:

–El novio de mi sobrina es actor de teatro. ¿Verdad que es bueno? ¿O será que tu cachifa es demasiado bruta?

«Tu cachifa», se dice mi personaje. «Tu... cachifa». «Tu». Ya no más usted, ya no más distancias. Me cree pegado a su red, confía en que ahora podrá acercarse libremente, con sus largas patas de araña para acariciarme con aquel «tu» de enemigo íntimo, de quien ha visto los rincones más oscuros de «tu» alma y te conoce tanto como «tu» madre, o como la mujer con la que «tú» te casaste hace mil años.

–Espera mi llamada –dice la vieja–, espérala a eso de las tres de la madrugada.

Mi personaje se separa del auricular, entregado a la furia, al miedo de la llamada nocturna. Quedaré en evidencia ante mi mujer, se dice, ella lo descubrirá todo, será el Apocalipsis.

Enfurecido, echa a la nana. La bota con violencia muda (para no despertar a su niño), pero con unas ganas terribles de golpearla y de aullar como un lobo herido.

Ya solo, camina de un lado a otro de la sala, tenso en todas sus fibras.

Agotado y sobre el sofá de tres puestos, piensa en el perro. En el perro imbécil, el culpable de todo. Si ese perro estúpido no existiera nada hubiera pasado.

Se pone de pie. Busca a Archi. El perrito está oculto debajo de la mesa del comedor. Mi personaje se arrodilla y lo hala por la colita, lo saca para darle una lección, para desquitarse con él.

Archi le muerde la mano, mi personaje lo golpea en el hocico, pero el perro le vuelve a lanzar una dentada. Entonces él lo toma del cuello y aprieta. El perrito se bate, saca la lengua, lucha, los ojos se le desorbitan, barbota sonidos horrendos. Llega un momento en que el cuerpo lleno de ricitos se sacude con la tensión violenta de un latigazo; entonces se queda yerto y se deja ir. Mi personaje lo siente flojo, desarticulado, la lengua larga, morada, más afuera de lo normal, sin vida.

Él aparta las manos como si hubiera visto una cobra.

Se mira la marca de los colmillos. Nada grave, ni siquiera está sangrando.

A su mente acude la imagen de su mujer. Su mujer. Mi mujer, se dice, maté al perrito de mi mujer. Ya no hay vuelta atrás, todo está perdido. Mi esposa llegará, verá al perro muerto, y será mi fin.

Todo por la vieja, por la horrenda vieja. Mira a través de la ventana hacia el edificio de enfrente. Recuerda que la nana le dijo que la vieja vive en el 7B, sola. Sola con la perra.

Le vienen a la mente los rostros de Michael Corleone y de Tony Soprano. Que no me vengan con cuentos, este es uno de esos momentos en la vida en que uno desea llenarse de saña, y de ser malo, muy malo. Que no me vengan con cuentos, no joda.

Sale del apartamento. Con toda calma baja las escaleras, gana la calle y camina hasta el otro edificio. Espera en la puerta la llegada de un vecino confiado. Afortunadamente, un par de niños le sirven de Carontes en aquel viaje al infierno. Pasa con ellos, sube por el ascensor al piso 7. Camina hasta el 7B, toca el timbre.

La vieja se asoma por el ojo de la puerta, lo ve, pero igual abre. Quiere enfrentarlo, quiere demostrarle que es jodida, arrecha, hijadeputa.

Y ahí están, frente a frente. La vieja tiene a la perra en los brazos. Ahora que lo piensa, él nunca ha escuchado a la perra ladrar.

—Antes de quitarle las cuerdas vocales a una mascota —dice la vieja como si le hubiera adivinado el pensamiento—, se puede hacer el intento de entrenarla. Mi perrita, por ejemplo, está muy bien entrenada.

La vieja no dice más y se le queda viendo, retadora, con una falsa sonrisa de coctel. Mi personaje tampoco habla. Ni piensa. Tan solo está lleno de saña.

Con todo ese odio ardiendo en su cabeza, se lanza sobre la vieja y la empuja. La vieja trastabilla y él aprovecha para entrar y cerrar la puerta. Ve que la vieja, ya equilibrada, abre la boca, quizás para gritar, pero él se le va encima, le ataja el cuello y aprieta. El grito se ahoga entre gorgoteos desesperados. A mi personaje le vienen a la mente el cuello de Archi, los ojos de Archi, la lengua de Archi...

En el ajetreo, la perra cae al piso. Él la pierde de vista y piensa en las manos de la vieja. Mi cara, las uñas, se dice. Pero antes de que la vieja pueda usarlas en su contra, sus piernas de garza anoréxica le flaquean y se le doblan las rodillas. Mi personaje la sigue en la caída, controlándola en un descenso que no lo perjudique. La acuesta y se monta a horcajadas sobre el cuerpo odiado. Los brazos de ella quedan recluidos bajo sus piernas.

La vieja se ha quedado quieta y se limita a mirarlo. Él hubiera esperado miedo en sus ojos, pero no, sus pupilas solo traducen un odio profundo.

Lo mira y le sonríe. Sí, la muy desgraciada sonríe, y él se siente impulsado a destrozarle la cara a golpes. Pero se contiene. Comprende que eso es lo que ella quiere, y él no se va dejar vencer. Le aguantará la mirada, apretará y le demostrará que es tan malo, duro y despiadado como ella. Como ella que lo mira con odio y le sonríe en un gesto irrespetuoso, burlesco, retador.

Un ladrido los saca del momento. Él baja la presión de los dedos y la vieja gira la cabeza. La perra está sentada sobre sus cuartos traseros, frente a ellos.

La vieja y mi personaje se quedan a la expectativa, como esperando algo.

Pasados unos segundos, la perra suelta otro ladrido. La vieja le lanza un beso suave, y él le suelta un bufido de gato. La perra huye despavorida y se esconde bajo un sofá. Entonces la vieja lo vuelve a mirar, y ambos se encogen de hombros.

Mi personaje aprieta de nuevo. No dice nada, la vieja tampoco. No hace falta. Él solo debe apretar hasta matarla, ella solo debe mirar y sonreír hasta morir...

Separado del cuello, aún sobre el cuerpo, se da cuenta de que nada ha terminado. La vieja está muerta, pero el pozo no se ha vaciado. Aún bulle el fuego de la saña en su cuerpo. Rememora a *El Padrino*, a *Los Soprano*. «Esto no se acaba hasta que se acaba». ¿Será esa una frase de alguna de esas historias? No sabe, yo tampoco.

La vieja está muerta, sí, y ahora él piensa en el loco drogadicto que le mandaba mensajes amenazantes.

Quizás todo empezó con ese loco de mierda. Aunque puede que mucho antes, cuando aquel novio idiota terminó con su futura esposa, o cuando Archi llegó a la vida de ella, o cuando sus compañeros de colegio se burlaban de él, o cuando Bruto mató a César, o cuando Caín mató a Abel, o cuando Lucifer decidió rebelarse... Quién sabe cuándo carajos comenzó toda esa mierda. Pero no cabe duda de que el más cercano de los culpables de todo aquel descomunal desastre es el drogadicto loco que vive unos pisos más arriba, en el 9A.

Sale del apartamento, no se preocupa por cerrar la puerta. Ya nada importa, no hay vuelta atrás. Comienza a subir las escaleras. Oye un tamborileo de pasitos a sus espaldas. Voltea. Es la perrita que lo sigue. Él se detiene, la perra también. Moviendo la colita, implora adopción en su semblante triste. Ahora te la echas de buena, perra loca, perra desgraciada, perra maldita. Mi personaje tiene ganas de desprenderle las vísceras a patadas, pero se dice que no vale la pena gastar las energías en una perra estúpida y sigue subiendo.

Llega al piso nueve. Se encuentra frente a la puerta del apartamento 9A. La perra se sienta a su lado. Él toca el timbre.

Esto no se acaba hasta que se acaba, se dice mientras espera.

¿Pero cuándo se acaba?

¿Realmente se acaba?

Llevo unas dos horas escribiendo. Afortunadamente mi niño sigue dormido y he podido drenar...

Sé que la cachifa no va a volver. No se atreverá. Y si lo hace, ya me encargaré de darle un buen susto.

Así que lo tengo todo pensado...

«Mi amor, cuando llegué, la cachifa ya se había ido. Seguro fue ella la que mató al perro. Un mal golpe, quizás. ¡Mira qué loca, qué irresponsable! Además dejó al niño solo. Menos mal que fue el perro y no nuestro chiquito. Ella odiaba a Archi, mi amor, tú lo sabes. Más de una vez lo acusó, más de una vez dijo que le había tirado a morder, y por eso ella lo odiaba. Esa carajita está loca, mi amor. Menos mal que fue el perro y no el niño».

Eso sí, debo evitar que me vea los agujeritos en la mano. Si ella los llega a ver, mis palabras no servirán de nada. Y entonces será mi final. El Apocalipsis.

Pero lo tengo todo pensado, ya lo dije...

Por ahora solo debo terminar la historia de mi personaje.

No vaya a ser yo quien salga a la calle.

No vaya a ser yo quien vaya a buscar a la vieja.

No vaya a ser yo quien termine tocándole el timbre al loco drogadicto del 9A.

Debo terminar la historia, porque esto... no se acaba hasta que se acaba.

ROSARIO CANÍBAL

Sufrir es lo que la gente ama, después de todo.
FRANKLIN FERNÁNDEZ

Algo pasó que la gente comenzó a jugar un juego de rol macabro. Se soltaron los demonios, y ahora esta ciudad es como una película abrumada de asesinos en serie, superhéroes y archivillanos.

¿Pero cuándo ocurre todo esto? La distopía tiene lugar en un futuro tan cotidiano como el insomnio. Sí, Caracas fue alcanzada por el futuro, por la alucinación de un libretista, por las líneas (blancas) de un escritor en su eterno presente de mandíbula apretada. Quisimos que la vida se nos convirtiese en un *film* proyectado sobre las paredes de nuestra realidad. Algunos desearon una flor de mayo francés sazonada de patriotismos, otros un gran *blockbuster* con cotufas y Coca-Cola. Al final terminamos siendo la peor película del mundo, un *film noir* estallado de color caribe.

Y yo estoy allí, yo soy parte de ese guion. Yo, policía. Yo, detective. Yo, gabardina acalorada a pleno sol. Yo, blanco y negro que sale de las sombras, que persigue asesinos en serie bajo los puentes de la Francisco Fajardo, en los terrenos baldíos de Guarenas o en los sótanos prehistóricos y apartamentos atroces de Parque Central. Yo, que sin quererlo, he terminado siendo el protagonista, el bueno de la película. Brad Pitt y yo. *Seven* pecados capitales me hablan al oído. Mi gabardina sudada es mi escudo de templanza. Yo soy el bueno, el bueno para cargar desdichas y salmos de la amargura.

Porque este personaje no deja de existir una vez que apagan la cámara. Este personaje no se convierte en el actor mejor pagado. No, este personaje sigue siendo un detective, con un sueldo de mierda, con un alcoholismo que no se puede sacar de encima, y con una esposa, una Hécate maléfica y divina, que nunca ha sido amorosa ni sufre en silencio por mí, esta alma atormentada que ha visto la locura del hombre.

Así que llego a casa después de haberle dado cacería a un monstruo que torturó, violó y asesinó a veinte infantes. Estoy cansado y solo quiero recostar la cabeza en la almohada. Lamento decirlo, pero ya el mal no me produce abominación... tan solo me agota.

Mi mujer está recostada de su lado de la cama, viendo televisión sin volumen. La saludo sin ganas, le doy un beso en la mejilla y me voy a mi supuesto refugio; allí me aguardan la mesita de noche, la lamparita de luz blanca, mi perchero, el *boxer* y la franela que me sirven de piyama. Observo a mi mujer, tiene la mirada fija en el televisor. Su entrecejo lo cubre una sombra sucia y desagradable que, sin embargo, no opaca su belleza sobrehumana, mitad amazona lasciva, mitad virgen etérea.

–Solo fueron dos whiskys –resoplo sin ganas.

–Sí, está bien –dice ella, sin apartar los ojos del televisor.

–Solo dos, para relajarme.

En el silencio de morgue crepuscular, me siento al borde de la cama, dándole la espalda. Comienzo a quitarme los zapatos. Justo cuando mi pie enfundado en la media toca la alfombra, justo cuando esas dos suavidades se encuentran para darme el alivio esperado, ella comienza a rezar su rosario caníbal.

Con vocecita monótona y rencorosa me empieza a decir que ya está harta, que se siente sola, que por qué carajos tengo que ir a caerme a tragos después del trabajo, que si acaso ella no me da lo que yo necesito. Lo mismo de ayer, anteayer y mañana.

Exploto en una especie de lamento lleno de justificaciones. Pero ella no flaquea, no teme, ni mucho menos entiende mis argumentos. Salta de la cama y se va a la sala. Yo me voy tras ella. La conozco, sé qué se propone.

La veo arrebatar de mi escritorio las fotos del caso Cantera, pero no me da tiempo de alcanzarla. Dos zancadas y ya está en la ventana. Mis fotos se deslizan por el lomo frío y erizado de la noche.

–¡Tú y tus mujeres descuartizadas me tienen harta!

Yo suspiro y me encojo de hombros.

–Están frías, rígidas, muertas –digo con los puños convertidos en piedras.

–¡Y yo me voy a buscar a alguien que esté vivo, caliente y con algo rígido y palpitante entre las piernas!

Estallo, la agarro por los hombros, la lanzo al piso y, cual bestia predadora, me arrodillo sobre ella. Le espeto que ni se le ocurra mirar a otro. Ella se escabulle a rastras. Ya lejos de mi aliento y de mis dientes, se pone de pie y corre a la cocina. Yo me dirijo hacia la puerta a buscar mis fotos, pero ella regresa a la sala con un cuchillo de carnicero. Brilla el filo metálico sobre las venas de su muñeca izquierda. Suena el teléfono, ella se transforma en estatua de sal; yo contesto.

–Qué tal, Harry –me dice una voz de ultratumba–. Ya has detallado a mis chicas, mis obras de arte. ¿Descubriste las pistas? Yo sé que sí, yo sé que te acercas cada vez más... Admiro tu inteligencia, ¿sabes? Yo sé que solo tú podrías atraparme.

Pongo a grabar la conversación. Se trata, sin duda, del carnicero, del descuartizador de trece hermosas jovencitas encontradas dentro de un mohoso tanque de agua, en un terreno abandonado de Guarenas que alguna vez se llamó la finca Cantera.

–Harry, quiero que seas tú quien me atrape, quiero que seas tú quien termine con esta pesadilla.

Estoy a punto de soltar alguna frase típica de libreto hollywoodense, pero mi mujer me grita que cuelgue, que nosotros tenemos intimidad, que deje el maldito trabajo al otro lado de la puerta. Le digo al asesino que me vuelva a llamar más tarde, que estoy en plena disputa matrimonial. El asesino, realmente afligido, me pide disculpas y dice que me llama luego. De pronto, lo oigo decir:

–¡Espera!

Me limito a soltar un bufido.

–Si quieres... puedo encargarme de tu esposa –propone.

Me fijo en mi mujer. Se ve hermosa; así, demacrada, en bata, tallada en el bronce de su sudor, con el cuchillo apretado hasta el blanco de la punta de los dedos. Me entran unas ganas innominadas de hacerle el amor.

–Eres un maldito enfermo –farfullo con la ira convertida en saliva sobre mis labios.

De pronto, tengo una extraña sensación de vacío, como si en cuestión de segundos me hubiesen arrancado y vuelto a colocar el cerebro. Noto que mi mujer me está diciendo algo; por su rostro enrojecido y tenso sé que me está atacando de nuevo.

–Disculpa, tengo que colgar, es que mi mujer...

–No te preocupes –dice él–, a mí me pasaba lo mismo, hasta que corté esa relación de tajo... y lo digo literalmente, la corté de tajo.

Cuelgo y descubro a mi mujer, arrodillada, sangrando por las muñecas. Llora, balbucea mi nombre. Me lanzo sobre ella. Reviso las heridas, no son profundas. Pero igual estoy abatido, angustiado. Le digo una y otra vez que la amo, que no hace falta que lleguemos tan lejos, que por favor, que la amo.

–Yo también te amo, Harry –apenas articula mi mujer.

Me quito la camisa y la utilizo para taparle las heridas. Ella deja de llorar y gime calladamente. Allí, tendidos en el piso, bañados con su sangre, nos besamos, nos tocamos, nos desnudamos y entregamos nuestros cuerpos.

El canto frenético de un pájaro de metal me despierta. Veo a mi mujer hurgando entre nuestras ropas deshabitadas. Encuentra el ave metálica y ya alza el brazo para echarla a volar por la ventana, cuando la intercepto y se la arrebato.

Contesto. Es el asesino. Con respiración entrecortada, me dice que le excita demasiado la idea de asesinar a mi mujer, que se está masturbando salvajemente. Le digo que es un cerdo. Mi mujer empieza a llorar, niega con la cabeza y masculla que todo está perdido entre nosotros.

Cuelgo y pido sosiego, le explico que es otra vez el psicópata del caso Cantera, que se ha obsesionado conmigo. Ella me grita que no le importa, que no quiere más mi trabajo en su casa, que soy un borracho, un desgraciado, un perdedor. Yo me quedo viendo el celular, esa cosa de pronto desconocida, que se transmuta frente a mí, que pierde su nombre y su sentido, y se me introduce en la cabeza, pájaro oscuro que aletea, que canta, más que cantar grazna, y despedaza y ensordece el rosario caníbal de mi mujer. Alguien ríe. No sé si es el pájaro, no sé si yo, no sé si el asesino. Solo sé que el pájaro me reclama una vez más. Solo sé que debo contestar, y contesto.

ÁGATA NO FUE

Te voy a contar lo que le dije al detective y lo que no le dije también, porque yo sé que tú, igual que yo, piensas que mi tía es lo máximo. Sí, ¿verdad que Ágata es una mujer bella, inteligente y además una maravillosa actriz?

Todo el mundo dice que está un poco loquita, y es verdad, eso tú y yo lo sabemos. Pero también sabemos que su locura es algo así como una alegría que lleva por dentro, y que la saca del mundo, que la hace parecer un ángel.

Yo digo que esa falta de contacto con la realidad fue quizás lo que la llevó a casarse con un patán como Arsenio Santacruz. Porque otra explicación no le encuentro.

Mis quince tías viejitas siempre decían que él andaba en «negocios turbios». Nadie tenía muy claro en qué trabajaba. Incluso, más de una vez, se le vio con unos tipos muy raros, como ese que se apareció por el apartamento de ellos el día de la tragedia...

Total que no se sabía bien de qué vivía Arsenio Santacruz. Pero gracias a tales «negocios» desconocidos, él casi nunca estaba en casa, por lo que mi tía Ágata y yo teníamos tiempo de sobra para estar juntas.

Una de nuestras distracciones preferidas era ir al club y meternos todo el día en la piscina. Después, al caer la tarde, alquilábamos una película de suspenso y nos íbamos a verla con la luz apagada y bajo las sábanas. Solo entonces Ágata dejaba de hablar y se hundía en aquel silencio concentrado, nervioso. Y no es que me moleste la conversación de mi tía. Todo lo contrario, tú sabes que sus historias son muy divertidas. Una de sus favoritas (no precisamente la mía) es la de su furtivo noviazgo con Arsenio Santacruz y todo lo que vino después.

Muy a mi pesar te la voy a contar, así como se la conté al señor agente para que él viera lo malo que era Arsenio Santacruz, y para que además se diera cuenta de la inocencia de mi tía. Te la voy a repetir solamente por eso, para que tú también sepas que ella es inocente.

Resulta que Arsenio Santacruz y mi tía Ágata se conocieron en un supermercado, una semana antes del matrimonio de Ágata con Francisco Rosales, su novio de toda la vida. Apenas Arsenio la vio, le dijo: «Preciosa, si fueras un producto de este mercado no te compraba, te robaba». El flechazo fue inmediato, y empezaron a verse a escondidas. Pero ella nada hizo con respecto a su matrimonio; solo pensar en eso la paralizaba.

Así que llegó el día de la boda, y mi tía se encontró en el registro civil, junto a Francisco Rosales, frente a la jueza y el libro de actas, y con los familiares de ambos tratando de mirar por encima de los hombros y las cabezas. Allí fue cuando Ágata tomó la decisión y dijo: «No me caso».

Francisco y tío Rogelio no hicieron otra cosa que sonreír como unos gafos y preguntarle a mi tía si se sentía bien, si necesitaba una aspirina. «No me caso», volvió a decir ella y entonces fue cuando hizo su aparición Arsenio Santacruz, vestido de novio de iglesia, así con frac y todo.

El muy descarado se arrodilló y le pidió matrimonio. «¿Ahora?», preguntó ella. «De inmediato, mi reina», dijo él. Ágata dijo que sí, las quince tías viejitas se desmayaron, y Francisco agarró de la solapa a Arsenio y le lanzó un puñetazo en la cara.

Arsenio se quedó allí, sentado en el piso, tocándose la nariz y viéndose las manos manchadas de sangre. «No me voy a parar», dijo Arsenio, «no quiero problemas». Pero Francisco estaba como un volcán y se lanzó sobre Arsenio. El papá de Francisco empezó a discutir con el papá de Ágata, tío mío también, que estaba muy avergonzado y para nada de acuerdo con la decisión de su hija; pero como su hija es su hija, no le quedó más remedio que caerse a puños con el señor Rosales cuando el fallido suegro dijo que Ágata era una «loquita de carretera».

Entonces se formó un lío enorme donde todo el mundo se daba porrazos. De pronto, mi tía Ágata se montó encima de Francisco y le haló los cabellos y le dio golpes en la espalda, gritándole que dejara en paz a su amado Arsenio Santacruz. Francisco apenas había terminado de librarse de ella, cuando Arsenio le sembró en la cabeza un jarrón, con lo que logró que la mollera del novio rechazado fuese a dar al piso. Entonces Arsenio Santacruz tomó de la mano a mi tía y se fueron corriendo del sitio, saltarines, locos, payasos, felices, muertos de la risa.

Se casaron una semana después por civil.

—Pero aquel día de la golpiza familiar, fue como si hubiéramos sellado un pacto eterno —me cuenta siempre tía Ágata—, porque él me llevó a un mirador de la Cota Mil y allá, frente a la naturaleza, frente al Ávila, nos juramos amor eterno. Ese día nos casamos en el alma, te digo.

Sí, amor eterno, ¡cómo no!

Pronto la feliz pareja comenzó a tratarse a las patadas. Mi pobre tía no hacía otra cosa que llorar, y más de una vez la encontré con un ojo morado. Ella decía que se había caído, y yo me aguantaba la rabia para no gritarle que no mintiera, que admitiera que Arsenio le había pegado.

En muchas ocasiones esas golpizas la apartaron del teatro. La pobre no quería que sus amigos y familiares la vieran en ese estado. Se encerraba en el apartamento y solo me recibía a mí y a mi mamá. De hecho, los maltratos jamás interrumpieron nuestras sesiones de cine. ¡Si la hubieras visto! Al final de la película, ella se ponía de pie e interpretaba la escena más impactante.

—¡Ah, me gustaría ser tan inteligente que pudiera realizar el asesinato perfecto! —me dijo una vez luego de haber hecho de Theresa Russell en *La viuda negra*.

—Tía, tú eres muy inteligente.

—Sí, ¿tú crees?

—Claro, podrías asesinar a Arsenio y nadie te descubriría.

Mi tía se echó a reír y me dijo que me dejara de tonterías. Claro, esto no se lo conté al agente, porque los policías son muy desconfiados y sospecharían de esta conversación insignificante. Nada más te lo digo a ti para que veas que ella era tan incapaz de pensar en nada malo que soltaba estas cosas así, al aire.

En fin, una tarde mamá entró al cuarto y dijo que a tía Ágata (que como ya sabes es su hermana) la habían llevado de emergencia al hospital, pero que yo no podía verla aún porque se encontraba en una situación muy delicada.

Unos días después fuimos a visitarla a la clínica. La encontré muy demacrada, triste y más llena de moretones que nunca.

—¡Cada vez que te veo así me pongo furiosa! —dijo mamá apenas entramos—. Deberías divorciarte y demandar al desgraciado ese.

—Ni una cosa ni la otra —respondió mi tía con voz quebrada—. Yo sé que me hizo daño, pero porque está muy nervioso. Sus negocios no han salido bien y tiene muchas deudas. Es un hombre sensible, y esa sensibilidad a veces lo hace cometer actos terribles. Pero si supieras las cosas hermosas que me dice, los poemas que me escribe. Solamente hay que entenderlo como yo lo entiendo. Estamos hechos uno para el otro.

Cuando terminó de hablar volteó a mirarme y me guiñó un ojo, como intentando complicidad, como si yo hubiera entendido todo y estuviera totalmente de acuerdo con sus palabras.

¡Pues no, no era así! ¡Para nada! ¡¿Cómo creía ella que yo podía estar de acuerdo con toda aquella insensatez?! Le demostré mi inconformidad tirando unas revistas al piso y me fui corriendo fuera de la habitación, llorando en silencio porque el «sensible» esposo seguiría viviendo su vida como si nada, y mi tía Ágata junto a él. Y así fue, tal como lo imaginé; pero no por mucho tiempo, porque dos meses después, Arsenio Santacruz fue asesinado.

Sí, tal como le conté al agente, yo estaba en el apartamento el día de su muerte... Bueno, estaba y no estaba. Ese sábado mi mamá me dejó donde Ágata, porque tenía que hacer unas diligencias con papá.

Arsenio Santacruz se encontraba en casa; había salido en la noche y estaba de mal humor, tirado en el sofá de la sala con una bolsa de hielo en la cabeza. Cuando él andaba en esas, a mi tía no le gustaba que yo estuviera cerca. Así que me dijo para que bajáramos al parque. Buscó un libro, el monedero y las llaves, y le dijo a Arsenio que íbamos a salir un ratico. Él la despidió de mala gana, entre gruñidos de desaprobación.

Ya en el parque, mi tía Ágata se sentó en un banquito a leer –creo que era una novela que se llama *El asesinato de Rogelio* no sé qué cosa– y yo me puse a jugar con Canelita Queriguá. Sí, Canelita, esa misma, la que se murió...

Al rato, mi tía Ágata se paró del banquito y me dijo que tenía que ir al supermercado a comprar algunas cosas para el almuerzo. Yo estaba muy distraída jugando con Canelita y le dije que me quedaba, que se fuera tranquila, que no me iba a mover de ahí.

Vi a mi tía alejarse en dirección al supermercado, que queda como a tres cuadras del edificio.

Hacía un bonito día. En el cielo corrían pocas nubes y el viento soplaba con suavidad. Quizá por todo esto, el instante quedó marcado en mi memoria. Recuerdo que me quedé viendo a mi tía, tan hermosa, tan alegre, así, bañada de luz, y también recuerdo el carro que le pasó al lado en dirección contraria, el carro que me echó a perder todo el instante.

Sí, aquel vehículo era tétrico y estaba como rodeado de un aura de maldad. En realidad se trataba de un carro muy moderno, muy brillante. Nada tenía de raro. Pero a lo mejor fue porque era de color negro o por los vidrios ahumados o porque iba como muy poquito a poco. Pero la cosa es que no pude quitarle la mirada de encima, y por eso vi cuando se detuvo frente al edificio de mi tía Ágata y también cuando el conductor se bajó.

Llevaba puestos unos lentes de sol, usaba barba abundante, como de mentira, y tenía puesta una gorrita que le ocultaba gran parte de la cara. Sí, esa es la persona sospechosa de la que les hablé a los policías, esa fue la persona que entró al edificio.

No sé decir cuánto tiempo pasó. Me puse a jugar otra vez con Canelita y, un rato después, el auto pasó de vuelta. Poco más tarde mi tía regresó y desde la calle me dijo que iba a subir las bolsas y volvía a bajar. Yo no sé por qué quise decirle que no subiera, me puse nerviosa y le dije que la acompañaba.

Subimos y encontramos la puerta del apartamento abierta. Mi tía Ágata puso cara de extrañada. Yo pensé en el hombre del carro negro y me puse a llorar. Mi tía me dijo que me esperara y entró ella solita. Su grito me anunció la tragedia.

Pegué una carrera y encontré a mi tía en la sala, de pie frente a Arsenio Santacruz, que estaba tirado en el sofá, en el mismo sitio donde lo habíamos dejado, pero ahora con un cuchillo de carnicero clavado en el pecho.

Todo esto, claro está, se lo conté al señor detective. Lo que no le conté es que mi tía Ágata no estaba llorando, sino que me veía sonriente, complacida, feliz. Yo también sonreí y fui a abrazarla. ¿No lo hubieras hecho tú? Aquel demonio había pasado a mejor vida, ya no teníamos nada de qué preocuparnos... ¿Que cómo es posible que se estuviera sonriendo si ella decía que lo amaba? Bueno, sí, pero yo creo que al final dejó de quererlo, ¿sabes? Después de la última golpiza ya no sirvieron sus malos poemas, ni las palabras bonitas. Algo se despedazó aquella vez.

Pero no te creas, después nos pusimos a llorar y hacer escándalo. Mi tía, como siempre, hizo una actuación excelente, como cuando interpreta a esas geniales asesinas del cine, o como en el funeral, donde hizo de viuda desconsolada sobre la urna.

Después vinieron los policías y la interrogaron, y a mí también me hicieron preguntas. Pero nadie puede decir que fue mi tía. Nadie puede meterla presa. Ella no estaba allí, mucha gente la vio en el supermercado, y algunos vecinos la vieron caminando de vuelta con las bolsas. Así que una vez que pase todo este lío, yo volveré a su casa. Sí, pronto estaremos juntas, felices, viendo películas de misterio y asesinatos, y con todo el tiempo del mundo a nuestra disposición.

Y tú, ya sabes, hay cosas que te conté que no puedes repetir. Te las cuento porque a ti también te parece que mi tía es maravillosa. Y por cierto, ten cuidado en el club, que puedes terminar como mi amiguita, la pobre de Canelita Queriguá, que se murió ahogada en la piscina. Sí, yo estaba ahí ese día, yo la vi cuando murió...

AL PRINCIPIO FUE UNA IDEA

PRIMERO TE REGODEASTE en las imágenes, en el morbo del detalle, en la corrección del encuadre, en la repetición al antojo, en el plano general del *voyeur*. Entonces el placer te llevó a matar el apremio de tu entrepierna con sacudidas de bomba de achicar. Allí, encerrado en el baño, mientras en el cuarto de al lado tu madre, depresiva, inerte, miraba sin mirar un programa de televisión lleno de colores epilépticos y sonrisas comerciales.

Después, cuando volviste a tierra, te asustaste, el pánico atacó tus venas. Te viste monstruoso, infernal, delirante, haciendo lo mismo frente a un cuerpo real, abierto, rojo vehemente y lleno de vísceras y excrementos.

Durante días luchaste contra tu oscuridad iluminada y una mañana te descubriste yendo tras ella. En algún momento tus pies se negaron a seguir, el impulso batalló en tu pecho, pero el ansia te exprimió los genitales y ya estabas de nuevo siguiéndole los pasos y diciéndote que no importaba, que solo querías sentir el bullir de la sangre, el control, el silencio, la excitación del ángulo furtivo.

Era una muchacha triste, regordeta, con cara de que cargaba un saco de piedras. Su rostro era esquivo, desdibujado, y su mirada ocultaba alguna vergüenza cenagosa.

Y tú, que te habías leído todos esos libros y visto todas esas películas de horror, creías conocer a la perfección los vericuetos del arte de matar. ¿Por qué no aventurarse? Total, no ibas a llegar hasta al final. Ese primer día fuiste torpe y ella se dio cuenta. ¡Qué cara de vaca estúpida puso! Apuró la caminata hacia la puerta de la oficina, gimiendo, balbuceando. Demasiado estúpida, demasiado vaca. ¿Por qué reaccionó así? ¿Acaso de verdad parecías un loco, un asesino en serie? ¿Pero quién carrizos sabe cómo luce un asesino en serie?

No, no eras tú. Era ella, ella y sus profundos temores, ella demasiado estúpida, demasiado vaca. La odiaste, y ese odio terminó de impulsarte. Pero también la amabas. Adorabas sus mejillas fofas, sus párpados caídos, su palidez de muerte y sus senos enormes. ¡Oh, era el frenesí! Tenías que perseguirla, hundirte en su vida lamentable, leer su mente, espiar sus tetas cada vez que ella saliera a la calle.

No dejaste que te volviera a ver. Supiste de la distancia ideal, de las calles paralelas, de la perfección del disfraz, de las falsas cadencias al andar y de los caminos que desembocaban en la ruta de la sierva. Aprendiste a pegarte a las paredes, a convertirte en sombra entre las sombras. Anotaste sus horarios y tus pensamientos en letra menuda y apretada en tu pequeña libreta, esa maldita libreta...

Temprano en la mañana, la vaca salía del apartamento de enfrente rumbo a su trabajo, y tú te ibas tras ella, atravesando el caos del centro, esa bestia deforme que alguna vez fue tan pequeña y que luego creció como una alucinación, como una pesadilla laberíntica.

La vaca caminaba hasta el metro de Capitolio, subía al tren y llegaba hasta la estación Parque del Este. Allí seguía por Sebucán, un erial de concreto que hace tiempo dejó de ser una urbanización de calles tranquilas y rostros conocidos, para convertirse en una maraña de conductos donde vehículos a motor eyaculan furia y anonimia.

El viaje finalizaba en la avenida Miguel Otero Silva, en la quinta El Ocumito, una productora de contenidos para televisión donde ella trabajaba de secretaria. Era una casa grande, blanca y antigua como un animal viejo y cansado que reposaba sus últimos años con desgano parapléjico. Ella y la casa se parecían. La casa era como una vaca gigante. Demasiado vacas las dos.

Tu hipotética víctima almorzaba en el sitio. Así que te ibas a pagar la luz, el teléfono, a comprar verduras, a sacar alguna platica del banco o a comprar novelas de misterio bajo el puente de la avenida Fuerzas Armadas o en La Gran Pulpería del Libro en Chacaíto. Luego, volvías a casa. Comías al tiempo que tu madre te recitaba sus dolorosos reclamos. Hijo hijito, estoy enferma, hijo hijito, si tu padre no hubiese muerto, hijo hijito, te necesito cerca. Tú sorbías la sopa y no decías nada, ni siquiera mirabas a los ojos a la mujer que te parió. Después te ibas al cuarto a leer, a ver televisión, a encerrarte, a huir de tu madrecita. Más tarde te preparabas para salir y ella, aún sin acostumbrarse a tu nueva rutina, te gritaba, te gritaba poseída por una histeria inusitada y llena de fuerza, te gritaba no salgas, la calle es peligrosa, no me dejes tanto tiempo sola, sabes que estoy enferma, hijo hijito, no me dejes, no me dejes...

Tú protestabas, y también reventabas en gritos, te tapabas los oídos y te largabas aullando improperios.

En el camino retomabas la calma, pensando que pronto ibas a ver a tu vaca de senos portentosos. Imaginabas su aureola rosada y generosa, su pezón pequeño y suave mientras te la tocabas, apretabas, amasabas por encima del pantalón, al fondo del autobús, los ojos desorbitados, ajeno al mundo.

Llegabas media hora antes. Ella salía entre las seis y seis y cuarto. A veces hacía compras en un mercadito cercano. Tú la seguías a una distancia estratégica, y anotabas, anotabas con letra apretada, con letra de hormiga esquizoide en tu pequeña libreta. ¡Ah, la estúpida libreta! Si en alguna parte hubieras anotado que todo era una farsa, que no eras capaz. Pero no, esa libreta era tu juego, tu ficción, tu literatura. ¡Cuán peligrosa puede ser la escritura!

La vaca salía del mercado, y tú anotabas, se montaba en el vagón, y anotabas, caminaba apresurada a través de la noche recién nacida, y anotabas, llegaba a su edificio, y anotabas, y después te ibas corriendo a casa, y en tu cuarto achicabas achicabas achicabas, imaginando las acciones que te conferían un poder que nunca fue tuyo. Pero la cobardía no te sirvió de nada. Porque ahora todos piensan que la asesinaste...

Si tan solo te hubieran dejado explicar que tú no fuiste, que bueno... que estuviste detrás de ella durante meses, es verdad, y que, aunque la libreta demuestre lo contrario, era solo un juego; raro sí, retorcido, limítrofe con la locura, pero irreal y tan débil como tu espíritu.

Si solo les hubieras podido contar que esa noche, como todas las noches, andabas tras ella, pero que de pronto, allí, en la callecita que llevaba al edificio, allí frente a ti y sobre la espalda de la vaca, apareció una sombra, una presencia infernal que se hizo del cuerpo rollizo y que desde sus ojos de locura amarilla te anunció la llegada de la muerte. Sí, tú viste cómo la sombra degolló a la vaca y cómo la arrastró hacia el contenedor de basura; tú presenciaste todo aquello y luego saliste corriendo, y en alguna parte se te cayó la libreta, la maldita libreta que luego encontraron los cazadores.

¿Por qué tuviste que huir, por qué tuviste que ser tan descuidado? Tenías que haberte quedado allí, sereno, satisfecho. ¿Acaso creíste que podías pasar inadvertido, que era posible convertirse en una colilla de cigarrillo abandonada en cualquier acera? Pues no, la ciudad no es lo que parece. Caracas es en realidad pequeña, miserable, evidente; su grandor es apenas un simulacro de espejos, triste parapeto donde los cazadores saben encontrar a los pobres locos desesperados, a los pobres tontos que pagan por crímenes que no cometieron.

Y tú saliste a decirles que no fuiste, a hablarles del juego, de las falsas anotaciones de la libreta, a explicarles que todo era literatura, a contarles de la sombra, de la avidez amarilla en los ojos de la sombra. Pero lo hiciste mal, saliste como loco furioso, te lanzaste contra ellos, atropellando las palabras, y ellos te gritaron que te detuvieras, que te arrodillaras, que subieras las manos. Pero no lo hiciste, y tuvieron que dispararte al pecho y luego a la cabeza, para tumbarte, para detenerte, porque tú seguías, no parabas, querías explicarles, querías hacerles entender, hasta que por fin caíste, ya sin palabras, ya sin vida.

¡Qué falsas ilusiones me hice! Pensé que comprenderías, pensé que te ibas a alegrar cuando supieras que yo había estado jugando tu juego desde el principio, que te contentarías, como cuando eras niño, como cuando jugábamos a los médicos y abríamos sapos, como cuando colgábamos gatos de los tendederos, como cuando le dimos su merecido a aquel niño que te molestaba con sus burlas.

Sí, pensé que te contentarías al ver por fin destripada a esa estúpida vaca que nunca te iba a hacer feliz... pero no, no me reconociste y te fuiste, lejos, lejos de mí, hijo hijito, lejos de tu madre, de tu madrecita que siempre supo lo que era mejor para ti...

EL MERODEADOR INEXISTENTE

—Buenos días, detective Ramírez, vengo a confesar mis crímenes. Yo soy el Merodeador Inexistente.

El detective, ajeno a la voz que le habla, no aparta los ojos de unos documentos. El Merodeador Inexistente toma asiento. Un policía de uniforme se acerca hasta el escritorio de Ramírez. Hablan sobre la noche anterior, las cervezas, las mujeres que conocieron en la tasca; se ríen a carcajadas. El Merodeador Inexistente observa al detective: Ramírez es un hombre joven, no es hermoso, pero sabe cuidarse, y eso hace que llame la atención. Lleva el cabello bien cortado, el rostro rasurado, liso; huele bien, le gusta usar colonia, pero no exagera, conoce la justa medida; también sabe vestir y sus ropas no muestran una sola arruga. Desde hace unos cuantos meses, el Merodeador Inexistente anda dando vueltas por el edificio, y para él este detective es sin duda el más pulcro del Cuerpo de Investigaciones Científicas y Criminalísticas.

Una vez que el uniformado se aleja, el Merodeador Inexistente se dirige de nuevo al detective. Le dice que quiere hacer una declaración, que necesita decirle quién es y contarle cuáles son sus delitos.

–También necesito mi castigo. Todos los merodeadores lo necesitamos.

El detective Ramírez se pone de pie; va en busca de un café. El Merodeador Inexistente espera su vuelta. Entonces continúa:

–No me conoce, nadie ha oído hablar de mí, pero permítame decirle que soy uno de los criminales más perversos que la humanidad haya parido.

Suena el teléfono celular del detective. Ramírez contesta. Al parecer habla con una mujer. Susurra lascivo, a momentos se pone chocarrero, luego vuelve al tono íntimo.

Pasan unos diez minutos. Una vez que el detective cuelga, el Merodeador Inexistente sigue con su confesión.

–Como ya se habrá dado cuenta, prácticamente yo no existo.

Sonríe ante la paradoja y luego explica que esto es así desde que tiene memoria, desde que tomó conciencia de que vivía encerrado en el cuarto de basura de un edificio. Nunca supo y quizás nunca sabrá cómo llegó allí, tampoco tiene idea de dónde viene o quiénes son sus padres. Él solo puede dar fe de que estuvo ahí desde siempre, con una vaga sensación en su alma de que más que un ser, era una sombra del innoble recinto.

Una pequeña ventana que daba hacia una matera descuidada, y una mujer con cara de búho que entraba y salía de cuando en cuando, eran sus únicos contactos con el mundo. Para entonces, aunque lo sospechaba en los meandros de su alma, él desconocía su «inexistencia»; se ocultaba de la mujer entre las oquedades del cuarto. Con los años, llegó a pensar que ella simulaba no verlo.

¿Acaso era su madre?, se preguntó.

Sin embargo, la mujer cara de búho acomodaba cartones y periódicos y se afanaba con la recolección de la basura diciendo largas letanías con voz siempre cansina. Él creyó que ella le hablaba indirectamente; primero, para enseñarle el lenguaje humano, y luego, para mostrarle el mundo a través de sus quejas. Decía ella que todo se desintegraba, que se aproximaba el fin de los tiempos. Se lamentaba sin tregua, y pocas veces la escuchó hablar de su pasado. Una vez dijo: «Ay Pablo, Pablo...». Pronunció ese nombre con una tristeza más profunda que la de costumbre y después calló. En los últimos tiempos repetía una y otra vez que volvería a San Cristóbal, que ya el momento estaba cerca, que la ciudad no había sido buena con ella. Así era casi todos los días: hacía su oficio, colocaba una bolsa vacía en el tambor, se llevaba otra llena y se marchaba, dejándolo con la ventana que apenas le daba luz y con el ducto que, como sus verdaderos padre y madre, le daba las sobras que lo alimentaban y los trapos que le servían de ropa y cobijo.

El ducto también le proporcionó las imágenes del mundo a través de los periódicos y, sobre todo, de las revistas. Hubo dos de ellas que lo obsesionaron. Una mostraba mujeres desnudas que lo llevaron a conocer el delirio de la masturbación. La otra era una exhibición prolija de casas ejemplares, perfectas, brillantes en su pulcritud y en su belleza. Ambos imaginarios se le mezclaron. En su mente, las mujeres de pechos generosos y largas cabelleras corrían a través de los decorados luminosos, solicitándolo, pidiéndole sus favores.

En más de una ocasión estuvo tentando a ganar el umbral cuando la mujer cara de búho entraba. Se arredraba, retrocedía. Una tarde, alguien la llamó desde afuera. Por primera vez escuchó su nombre. Se llamaba Eugenia.

Eugenia acudió al llamado, dejando la puerta abierta. Él se despegó de la esquina, entró en el recuadro de luz que lavaba el piso, se cubrió los ojos con las manos y salió. Encorvado, como si el sol le estuviera dando latigazos, fue a refugiarse en una esquina, tras un porrón. Allí estuvo unos momentos, acostumbrándose a la luz. Volvió a pensar en Eugenia como su madre. Quizás él debía permanecer a su lado hasta el fin de los días. ¿Pero de qué servía tal lealtad? Eugenia nunca había querido verlo, quizás se avergonzaba de él.

Con una visión del entorno más nítida, se envalentonó y se echó a la inmensidad. Gritó frente a Eugenia y a la vecina con que hablaba, saltó, hizo maromas, jugó a asustarlas. A Eugenia la llamó madre. Pero ellas no reaccionaron, y aquella fue la primera evidencia de su «inexistencia». ¿En verdad Eugenia jamás había sabido de él y todas sus lucubraciones habían sido infundadas? Nunca la había odiado —o eso creía—, pero sintió que una parte de él la perdonaba. ¿De algo servía aquella indulgencia? ¿Lo redimía de qué infiernos? De ninguno, absolutamente de ninguno. La situación ahora era peor. Algo estaba mal con él. Pensó que quizás no existía. ¿Pero era eso posible: existir y no existir? ¿Aquel fenómeno se limitaría a las dos mujeres, o acaso el resto de la humanidad tampoco lo percibiría...?

–¡Ja!

La risa lo hace saltar sobre el asiento. Piensa que Ramírez se está burlando de su primer y patético momento en el mundo. Se llena de rabia. Está a punto de ponerse de pie, de írsele por detrás y...

–¡Las mujeres son una vaina seria! –dice el detective, leyendo un mensaje de texto en el celular.

En una mesa cercana, otro detective replica.

–Comparte, Ramírez.

Su confesor involuntario responde con cuatro groserías. El otro también le devuelve un par de palabrotas; hay carcajadas, el detective vuelve a centrarse en los papeles.

–No quiero hacer muy larga la historia; no quiero que parezca que me estoy justificando –dice el Merodeador Inexistente, y continúa.

Cuenta que no tardó en percatarse de que tampoco existía para el resto de los humanos. Se sumó a la terrible constatación el hecho de que no entendía la realidad. Era demasiado ruda, contundente y veloz.

Sobrecogido, temeroso, corrió a ocultarse donde hubiera basura y olvido. Se encontró bajo un puente, viviendo la periferia de los indigentes.

El inicio de su primera noche fue inclemente. El frío crucificó su piel, su carne, sus órganos internos. Pensó en las modelos desnudas, caminando en tacones y moviendo sus culos de manzana por una sala con chimenea.

Salió a buscar la concreción de su fantasía. No había que ser muy inteligente para comprender que mientras se adentrara en calles más cuidadas, más cerca estaría de ver las mujeres y los espacios que anhelaba.

Vio a una mujer joven cruzando una calle. Se fue tras ella, muy de cerca –no temía ser descubierto, ya se sabía inexistente–. Entró con ella a un edificio, la siguió al ascensor, pasó a su apartamento.

El sitio tenía cierto aire a las fotografías publicitarias que ocupaban su mente, pero no era lo que esperaba. Se sintió desilusionado. La mujer daba vueltas por el apartamento. Poco después se desnudó en el cuarto más grande. Aunque su cuerpo adolecía de la perfección que había contemplado en las revistas, no tuvo reparos; le gustó.

La siguió hasta el baño, la vio bañarse y puso a trabajar su mano con frenesí. Arrojó su chorro de placer sobre la pared y salió, dando tumbos, mareado.

En la sala, se acostó en el sofá. La mujer terminó de bañarse. La escuchó moverse en las habitaciones. Bostezó, se quedó dormido.

Cuando despertó, era de día. Se sentía renovado, se sentía bien. Había entendido su destino. Iba a vivir de lugar en lugar, iba a conocer todas las casas donde vivieran mujeres de cuerpos deliciosos, y no pararía de darle alegría a su entrepierna.

Durante un tiempo hizo lo que había vislumbrado. Entraba en los apartamentos y se convertía en el testigo inexistente de la intimidad femenina. Su semen invisible brotaba feliz y abundante, y caía sobre las paredes, sobre las baldosas, sobre los pisos de madera. Nunca, no obstante, se atrevió a tocar un cuerpo, ni a estar adentro. No le hacía falta; su necesidad, su vicio, radicaba en la mirada.

Una tarde le ocurrió algo fuera de la común. Fue algo en su interior.

Vio a una familia, un padre, una madre, dos hijos, y se fue tras ellos. Los siguió por un centro comercial, después los acompañó en el carro hasta su casa. Allí se movió por todos lados, observando el acontecer hogareño. En cierto momento tocaron el timbre. El padre recibió unas pizzas y llamó a la familia. Cuando los vio frente al televisor, disfrutando de la comida, se dejó ahogar por una sensación fuerte, por una pasión ardiente. Sencillamente los odió.

Lo atacaron unas arcadas, tuvo ganas de vomitar. ¿Por qué no hacerlo? ¿Por qué no ensuciar tanta belleza? ¿Por qué no violentar aquello que jamás sería suyo? Pero no lo hizo. Huyó de la casa, volvió a los puentes. Allí, a las orillas del Guaire, comprendió que había vivido equivocado, que su verdadera razón de ser era otra. Él había nacido para ensuciar, para contaminar, para profanar la belleza, el brillo, la tersura de los mundos perfectos.

Desde entonces, noche a noche, invadía los hogares. Entraba con alguno de los miembros de la familia y esperaba a que todos se durmieran. Le gustaba la oscuridad, le gustaba moverse en una casa silente, sabiendo que sus habitantes respiraban en los cuartos.

Se desnudaba y se sentaba en los muebles, restregando sus nalgas en todos los cojines. Buscaba las ropas y las olía, las manoseaba, se las pasaba por el miembro erecto. Abría la nevera y lamía todos sus alimentos. Probaba sus bebidas y las escupía y las orinaba. En los baños se masturbaba y acababa en las toallas, en los cepillos de dientes, en los peines, en los maquillajes. Gozaba un montón, gozaba como un niño alevoso aquellas maldades inocuas, que en realidad no lo eran, porque, quien lo entendiera bien, sabía que sus actos no eran una tontería.

–Imagine que todo lo que usted toca y usa en su casa, todo lo que se lleva a la boca, incluso todo su cuerpo, está sucio, contaminado con los fluidos de otro. Y lo peor de todo es que usted no lo sabe, pero ese otro, es decir, yo, sí lo sé, y me río de usted, y sé que usted y su pequeña vida no son tan perfectos como usted creía, que más allá de sus narices, existo yo, el inexistente. ¿Le parece eso una tontería? Piénselo bien. ¿Vio? Es terrible lo que hago, el peor de todos los crímenes. ¿Acaso no merezco también el más cruel de los castigos?

El detective Ramírez alza la mirada. Le parece que alguien le acaba de hablar; allí enfrente, en la silla al otro lado del escritorio. No ve a nadie, frunce el entrecejo.

–Bien, esa es mi historia, estos mis crímenes.

El Merodeador Inexistente guarda silencio. El detective Ramírez está mirando justo a la altura de sus ojos, como si lo estuviera viendo. El Merodeador sonríe.

El detective se encoge de hombros.

–La caña me está haciendo daño –dice, y se pone a revisar otra vez los papeles.

El Merodeador Inexistente se pone de pie. Pasa al otro lado del escritorio, y con sus manos ennegrecidas, sus manos que han tocado barro, que han acariciado animales en descomposición, con sus manos que han jugado con desechos humanos exclusivamente para esta ocasión, toca con lentitud erótica la nuca del detective. Le hace masajes circulares con la punta de los dedos, luego extiende las manos hacia delante, rodea el cuello como si fuera a ahorcarlo, pero esa no es su intención. Comienza ahora a subir. Toca su barbilla, la acaricia, sigue hacia los labios. Tocando esas dos superficies mullidas, piensa con absoluta nitidez en lo que está haciendo. No es que no lo haya meditado antes, sino que al principio estuvo tan concentrado en la idea, y luego en sus acciones, que no se había permitido el pensamiento que confirmara sus acciones. «Estoy tocando a alguien por primera vez en mi inexistencia». Ese es el pensamiento.

Sonríe, toca las mejillas y las amasa. Se mueve hacia la nariz, la aprieta. Sube hasta los ojos, recorre sus párpados. Luego sigue hacia la frente, la recorre con los dedos, con las palmas, la ocupa por completo.

–Detective Ramírez, ¿sabe por qué estoy haciendo esto? Por una razón muy sencilla: porque no puedo llamarlo por teléfono; no me oiría. Porque no puedo escribirle un mensaje; no lo podría leer. Usted no puede contactarme, pero yo sí a usted. Y este contacto significa mucho para mí. Es un lazo, Ramírez, un lazo. Yo necesito que usted sea mi detective, yo necesito pensar que algún día usted me va a descubrir y me va a capturar. Ya sabe, todos los merodeadores, los asesinos en serie, los locos del crimen se obsesionan con un policía, y yo no me voy a quedar atrás. Yo lo he elegido a usted. Usted es mi detective.

Una vez finalizado el ritual, el Merodeador Inexistente vuelve al frente del escritorio. Contempla al detective, su cara sucia, para él que puede ver su obra; su cara limpia, para el resto del mundo. Nadie se va a enterar. Pero él lo sabe, él siempre lo sabrá, y con eso basta.

El Merodeador Inexistente comienza a caminar hacia la salida.

UN GORILA MUERTO BAJO UNA MESA DE DOMINÓ

#*/

Tengo la absoluta certeza de que el destino es un escritor paciente, maniático y obsesivo, solo equiparable a un consumado asesino en serie.

Como un animal nocturno, sale algunas noches y deja un leve rastro que solo un digno descendiente de Sadiq puede percibir. En otras ocasiones –definitivas, culminantes– decide volverse escandaloso y entonces convierte a la historia en una molicie de despojos humanos, arrojada en medio de una vía transitada, allí donde todos puedan verla.

Si esto último llega a pasar, puedes tener por seguro que la víctima has sido tú, y ni cuenta te has dado.

Ocurre que yo soy protagonista de una de esas historias que laten por años bajo la mirada irreducible del asesino.

Incisivo, acucioso, he observado la trama de suspenso que el escritor verdugo ha tejido en torno a ella durante años. Nunca bajo la guardia, porque sé que el destino me tiene un cepo tendido en alguna parte de su camino culebrero: una sierra eléctrica, un cuchillo afilado quizás.

Bueno, también cabe la posibilidad de que el destino me tenga deparado algo bueno y que yo esté siendo duro con sus designios. Algo así como que finalmente vengan a buscarme los extraterrestres y me lleven a un planeta lejano, donde no existe la estupidez humana. Aunque no me engaño. Otro tipo de estupidez debe haber por aquellos lados; digamos «extupidez», con X de *X-Files*.

Pero mejor comienzo de una vez, y con un suceso reciente, como para que vayas cayendo en cuenta de que el destino no es desmemoriado, y escribe de vez en cuando sus líneas sobre las páginas de una vieja historia que creíamos olvidada...

():""

Aquella tarde me hallaba en una conferencia literaria en el anfiteatro de la Fundación Cultural Chacao. Miraba a los lados buscando algún rostro que fuera solidario con el fastidio culposo que me embargaba, y, como a la quinta vuelta, la vi.

Era ella, mi primera instructora de taller literario. Estaba en la fila de enfrente, al otro extremo. La miré y ella me miró (su cara de pereza dopada ayudó a sentirme menos culpable), pero no me atreví a saludarla. Ella volteó hacia el conferencista y ya no cruzamos miradas. Supuse que no me había reconocido o que le había dado vergüenza evidenciar el sopor intelectual ante un antiguo alumno.

Terminada la conferencia, me la encontré en el vestíbulo de la sala intercambiando impresiones con alguien. Me le presenté y resultó que sí se acordaba de mí. Con cierta vergüenza admitió haberme visto durante la conferencia. Quizá tenía presente el encuentro de nuestros rostros hastiados, la evidencia irrefutable de que los escritores y los intelectuales también se fastidian en las conferencias literarias.

La profesora y yo hablamos por unos instantes del lejano taller de narrativa de la UCAB, y ella empezó a decir nombres. Alina Peraza, Juan Carlos Chirinos, Luis Kumin, Fulanito Pérez (no estoy encubriendo un nombre, el tipo de verdad se llamaba Fulanito Pérez y era maracucho), Gerardo Freires, Margarita Pérez, y nada más ni nada menos que Cosme Marchena...

Sí, allí estaba otra vez el destino dejando una pista. Una vez más, el escritor asesino cruzaba en mi camino a Cosme Marchena, el otro personaje de esta historia incompleta. Me lo tomé con calma, seguí la conversación con la profesora, y Cosme Marchena se diluyó en el magma de la noche.

Pero aquí no se termina el asunto. Los caminos no se separaron en su breve cruce, sino que después del coctel ocurrió algo más.

Pero mejor te cuento esto al final, cuando la serpiente se muerda la cola. Mejor nos vamos más atrás, mucho más atrás...

)*(^^^

Al otro protagonista de esta historia, a Cosme Marchena, le olían mal los pies.

Sí, Cosme tenía una pecueca inefable que en otro planeta debía ser un olor exquisito, sublime, de reyes, porque en este, nunca lo sería.

Ahora te preguntarás cómo descubrí aquel insufrible hedor. Pues por una impertinencia –o más bien por una amabilidad fraterna– de algunos de los cofrades, una lejana tarde de dominó en mi apartamento de Montalbán III.

Estábamos en el balcón tomando cerveza, descalzos en torno a las piedras, cuando uno de nosotros (no diré su nombre, no lo avergonzaré con el oprobio) invitó a Cosme a quitarse los zapatos para estar más cómodo y en igualdad de privilegios. Cosme, a pesar de la camaradería, se negó a sacárselos. Suponiendo que el poco tiempo en nuestra cofradía era la razón de tales escrúpulos, lo atacamos con nuestro convite una vez más.

Bien nos advierte el dicho sobre el peligro de obtener lo deseado. Aquella tarde Cosme Marchena terminó por quitarse los zapatos, y más vale que no lo hubiera hecho. Porque entonces, un animal muerto, putrefacto, algo así como un gorila gigante, fue colocado bajo nuestra mesita de dominó. Y como ya sabemos, gracias a las clases de química y física de bachillerato, el olor de un gorila muerto bajo una mesa de dominó no tarda en tomar vuelo.

Como alzada por millones de moscas, como soplada por un titán, la fetidez del gorila sube a una velocidad ultrasónica, es decir, traspasa las barreras del sonido y llega rauda, picante y maliciosa a las narices de quien se encuentre moviendo las piedras sobre la mesa y de inmediato lo aniquila. Si los nazis hubieran sabido esto habrían conquistado el mundo, pero gracias a Jehová no fue así. Porque les juro que en aquel momento fuimos asesinados. Sí, Nilson, Beto y yo fuimos finiquitados sin piedad y sin derecho a últimas palabras. Pero como esta historia tenía que seguir –la vida apenas comenzaba el argumento–, ahí mismo fuimos resucitados, y entonces Nilson, el muy vivaracho de Nilson, se paró de la mesa de un salto, aduciendo la búsqueda remota y casi eterna del santo grial espumoso que aguardaba al fondo de la nevera.

Su intento de escapatoria fue demasiado evidente, y ahí no quedó más remedio que soltar el tropel de carcajadas liberadoras, sanadoras y celestiales. Y no porque creyéramos en esa estafa que llaman risoterapia, sino que, afortunadamente, el cuerpo humano es inteligente y tuvo a bien expulsar por nuestras bocas el gas letal que había emanado de abajo de la mesa de dominó, y que no era otra cosa que el olor a gorila muerto de los pies de Cosme Marchena, su traicionera, desgraciada y maldita pecueca.

Tranquilo, como quien desde que tiene memoria vive con una joroba, Cosme nos dijo:

–Ven, por esa vaina no quería quitarme los zapatos.

Y así, Cosme Marchena se los volvió a calzar.

Pero aunque dicen que una rosa es una rosa es una rosa, en esta historia, una pecueca no es simplemente una pecueca. El aroma de nuestro pie –perdón, el de Cosme– era apenas una señal, el principio descabellado de una historia enmarañada como melena de negro *blaxplotado*, una historia cuyos pelos y señales seguiré relatando. Dos puntos:

Por aquellos días del descubrimiento de la fragancia podal, quizás influidos por las clases de historia del arte o, más bien, por los mensajes ocultos –subliminales, dirán los publicistas– de las pinturas de Botticelli, Durero y Leonardo da Vinci, terminamos metidos a renacentistas adocenados, expertos en templarios, en la ouija, en la lectura de manos, en el Tarot de Marsella y en otras tantas mancias y cábalas varias.

Mi apartamento se convirtió en un laboratorio alquímico al garete, donde la búsqueda de la piedra filosofal se teñía de un erotismo bullente. Y es que las mujeres habían llegado a nuestras vidas, y el susto rico de lo esotérico sumado a las propiedades melosas del alcohol estaban allí para mantenerlas pegadas a nosotros como insectos al bombillo. Más de una vez, los cuartos del fondo conocieron el encierro de alguna lectura de tarot o de las runas nazis; más de una vez, hubo sesiones privadas de ouija; y también, más de una vez, la creyente terminó desnuda sobre la alfombra.

Así, de misterio en misterio, cierta madrugada, la noviecita de Cosme, una chica con cara de perrita pequinesa de nombre Katy, nos contó un gran secreto que, de paso, revelaba la causa del fétido olor de los pies del susodicho.

Estábamos sentados, en la alfombra de la sala, la francesita que para entonces refocilaba conmigo, Katy la pequinesa y este servidor.

Por la ventana entraba un aire frío como venido de la sala de operaciones de un platillo volador. La autopista bostezaba de vez en cuando sus sonidos apagados de automóvil insomne y, más allá, el cielo y la montaña se confundían sobre un manto oscuro, chispeado de luces, donde los ranchos y las estrellas eran una misma materia.

En la sala, lo humano y lo celestial también se fundían en una historia de misticismos siderales que surgía con sereno desparpajo de la boca de la perrita pequinesa, quien nos decía que su Cosme, el novio que roncaba feliz en el cuarto del fondo a la izquierda, era nada más y nada menos que un extraterrestre de origen *ummita* (y vaya a usted a saber la diferencia entre un *ummita* y un marciano, aparte del color y quién sabe qué otras minucias). Pero que, además, Cosme no era un *ummita* cualquiera, sino aquel que estaba destinado a unir las dos razas (la extraterrestre y la humana) y a traer una nueva era en la historia del universo.

Como para que no nos sintiéramos mal, Katy también dijo que la francesa y yo teníamos una misión importante que cumplir junto al gran señor alienígena, sobre todo yo, alma sabia y milenaria que había vuelto al plano del Malkut a prestarle ayuda al supremo soberano de nuestros destinos.

Entonces, una vez preparado el terreno, una vez que se nos adobó de la mejor manera, nos fue dada la verdad superior:

—¿Y saben por qué a Cosme le huelen mal los pies?

—¿Sí, le huelen mal los pies? —dije yo para disimular.

—Sí, a Cosme le huelen mal los pies porque así se reconocen los *ummitas*, por el olor de sus pies.

¡Carajo, cómo no se nos había ocurrido esa vaina! A Cosme Marchena le olían mal lo pies porque era *ummita*. Así de simple.

#\\\\\

Claro está que el resto de los cofrades se enteró del cuento y por supuesto que la historia daba risa. No solo el gorila estaba muerto y putrefacto, sino que además era extraterrestre.

No obstante, debo confesar que, en lo más íntimo, aquella parte de la historia donde se me llamaba «sabio y milenario» se me había convertido en un bálsamo para el ego. Hasta comencé a andar más erguido y a mirar al resto del orbe como desde una escalera. Así somos los seres humanos; los *ummitas*, no sé, pero los hombres somos así y no tenemos remedio.

*^_

Y aquí comienzan los sucesos extraños. Sucesos dignos de los agentes Fox Mulder y Dana Scully. Así que no te retires, amigo, que ahora viene la cosa seria, el drama y el suspenso. Ahí vamos...

Cierta noche, los hombrecitos, los machitos, nos quedamos conversando hasta bien entrada la madrugada. Cosas de hombres, la mitad de ellas infantiles, baratas y cochambrosas.

A eso de las tres y media, nuestra mascota espacial anunció su partida. Él tenía carro y podía darse ese lujo. Nilson y Beto, que se movían a tracción de sangre, no tuvieron más opción que quedarse. Y es que el salvador de la humanidad no se ofrecía para llevar a nadie, mucho menos en las madrugadas.

Así que nuestro *ummita* se fue y nosotros, luego de hacer algunos chistes en su nombre, nos fuimos a dormir.

Como a las cinco sonó el intercomunicador. Yo era el dueño de casa y, como tal, era mi deber responder al llamado. En los cuartos, los manganzones se quejaban de la insólita interrupción. ¿Sería algún vecino molesto? ¡Pero si hacía más de una hora y media que reinaba el silencio!

Contesté. Para mi sorpresa –en realidad no tanta, he de confesar– la voz de Cosme reptó hasta mis oídos: «Ábreme, chamo».

Vamos a ser sinceros, amigo: a esa hora y en tales circunstancias de trasnocho, ni siquiera la Madre Teresa hubiera pensado que Cosme había sufrido algún percance. No, a esa hora, hasta nuestra monjita caritativa también hubiera pasado su respectiva arrechera. Así que no me mires feo, pero lo que hice fue mentarle la madre al visitante inesperado. Nuestro muchacho, impertérrito, se limitó a repetir «ábreme, chamo», y yo, amodorrado, resignado, presioné el botón que daba acceso al edificio. Después me fui a la puerta, abrí y me quedé esperando que Cosme saliera del ascensor. Tal cosa no ocurrió.

U/_7

Nada le dijimos, nada le preguntamos. Por mi parte, desde la trinchera de mis oscuras cavilaciones, recordé que Katy la pequinesa había dicho que uno de los múltiples súper poderes de Cosme era el don de la ubicuidad. Es decir, Cosme podía estar en dos o más lugares al mismo tiempo y, a veces, ni él mismo podía controlar esos desdoblamientos (sí, ya sé que para ser un gran *ummita* esto es insólito, pero recuerda que los hechos que aquí relato son una mera trascripción de la realidad).

Creo que no quisimos aclarar el misterio, porque en el fondo se agazapaba el miedo, la duda, la idea desquiciada de que Cosme Marchena fuese realmente un extraterrestre y, para rematar, el futuro gobernante de nuestros mundos. A seres tan importantes como esos no se les importuna con preguntas estúpidas; así que dejamos el asunto hasta ahí.

<*"E>

En otra ocasión, una noche en que no hubo sesión de cofrades ni de magia sexual, la pequinesa se apareció en el apartamento. Lloraba desconsolada y además, no sé por qué extraña razón, me pareció que sus ropas flotaban a escasos centímetros de su piel. Estaba como ligerita y sus pezones se marcaban en la fina tela.

La acosté en una de las camas, le di agua con azúcar y la calmé. Allí, entre pucheros, la chica me contó que en la tarde había vuelto a perder a otro hijo de Cosme.

Sí, habían intentado tener prole en varias oportunidades, pero los genes alienígenas y humanos al parecer no terminaban de acoplarse. Algo malo estaba sucediendo y ella dudaba de si realmente podía ser la madre del príncipe que sellaría el pacto genético entre los dos planetas.

La chica terminó de hablar y se me quedó mirando con infinita tristeza, como suplicando, como pidiendo un favor, un gran favor. Y yo, que no tenía palabras para consolarla, pero sí manos atentas y piadosas que sabían hacer favores, le acaricié el rostro y después le acaricié una teta por encima de la ropa.

Ella se dejó, calladita y respirando como respiran las mujeres excitadas. Sintiéndome a mis anchas acaricié la otra teta, pero cuando fui a tocar por debajo de la blusa, Katy me impidió seguir.

–¿Qué estás haciendo? –me preguntó visiblemente ofendida.

Yo quité las manos, me puse de pie, creo que murmuré una excusa torpe y salí del cuarto.

Para mi alivio, al día siguiente ella tenía listas unas deliciosas panquecas, y me recibió con un beso de hermana menor que le tiene el desayuno preparado a su hermano kurdo que bebe curda.

<< _

Y así, amigo, el tiempo pasa, y, recordando al maestro Jardiel Poncela, también pasaron dos camiones de basura y una que otra carajita con buenas piernas.

La gente se fastidió del arrejuntamiento y ya la cofradía no era la misma. Aunque Nilson, Beto y yo nos seguíamos viendo con frecuencia, aquellas mujeres para las que habíamos montado todo nuestro parapeto alquímico nos visitaban cada vez menos. Cuando aparecen tipos con motos y tarjetas de crédito, el poder erótico de lo oculto se oculta entre las piernas, disminuido al tamaño de un botón de párvulo.

Cosme también iba menos al apartamento. Estuvo por la casa tres o cuatro veces. En una de esas nos contó que las cosas andaban mal entre él y la pequinesa, y que había empezado a salir con una chica de Puerto Cabello.

Cabe destacar que quien te habla es de esa ciudad. Intrigado, le pregunté el nombre.

–Indira Caliostri –me respondió.

–¿Indira Caliostri, una flaca ella, muy flaca? –y quise decir también «fea, muy fea», pero recordemos que el Cosme estaba saliendo con ella.

–Esa misma.

–¡Coño, esa caraja estudiaba conmigo en La Salle!

–¡Esa misma, Indira estudió en La Salle!

No dije más y me quedé en el limbo, enojado y perplejo de que se sumara un evento más a toda la rocambolesca historia que me unía a aquel Cosme Marchena de pecueca extraterrestre.

IØ>

A pesar del distanciamiento general, cuando llegó el fin de curso el apartamento se vio atestado de la gente de los buenos tiempos. Allí estuvieron las mamis cabalistas, los cofrades de siempre y hasta Cosme Marchena en compañía de la perrita pequinesa. Al parecer, los novios siderales se habían reconciliado. De hecho, contaron que al día siguiente se iban de viaje a la Gran Sabana, donde algo, un hecho aparentemente único en la historia de la humanidad se iba a llevar a cabo, y en el que ellos tenían, claro está, un rol protagónico. No dijeron más esperando que la gente preguntara, pero nadie les pidió mayores explicaciones. Las bacantes y los faunos solo anhelaban beber, beber hasta flotar en un aguacero universal de efluvios alcohólicos.

Cosme Marchena no fue la excepción. Bebió como si la sed lo matara, como un alcohólico anónimo que recae. Bebió y bebió hasta quedar tirado en el piso del baño –de mi baño–, en su búsqueda fallida del pozo de los desahogos. Allí lo encontré, con un lado de la cara pegado a su vómito, inconsciente, perdido en las profundidades de aquel maremoto para marineros con *delirium tremens*.

Y así, querido amigo, frente a esa escena de patetismo insondable, comprendí que la estupidez reina en el mundo, y que yo había sido uno de sus más fieles vasallos. Me sentí avergonzado, y te juro que casi me lanzo por el balcón. Pero todavía quedaban muchas cervezas en la nevera.

II...^0_

A partir de este momento la historia se diluye, como si de pronto el destino se distrajera con una trama más interesante, como si hubiera lanzado la mía al fondo de una gaveta.

En cierta medida yo también colaboré con ese olvido. Decidido a alejarme de la estupidez ajena (con la propia era más que suficiente), procuré una distancia de por lo menos veinte pupitres y un límite de diez palabras diarias entre Cosme Marchena y yo. Pareciéndome esto insuficiente, y harto ya de la escolástica y de las *palumbas y colombas* de la filología, abandoné la UCAB a mitad de curso y fui a parar a la Universidad Central.

El esoterismo, los *ummitas*, mi famosa misión y las teticas de la perrita pequinesa quedaron relegados a una oscura alacena cerrada bajo llave (o eso por lo menos creía yo).

En la Central me dediqué a terminar mis estudios, sin abandonar, debo acotar, mis profundas investigaciones en el terreno de la vida galante y los mitos cotidianos. Por aquella época, por ejemplo, me había dado por indagar si era cierto aquello de que uno podía morir de risa. Por lo que, un par de amigas y yo, completamente desnudos sobre la cama, nos poníamos a hacernos cosquillas hasta que la excitación sexual nos vencía. ¿Qué tenía que ver la desnudez y la orgía con las cosquillas? No sé, pero por lo menos a estas chicas no les olían mal los pies y tampoco ponían caras de ofendidas cuando les tocaba las tetas.

Pero espera, hay algo más; esta historia no dejaba —ni deja— de escribirse. Como ya te conté al inicio, pareciera que de vez en cuando la vida le agrega algo, como buscando terminarla, o como buscando sorprenderme... incluso aterrorizarme.

Unos años después, en la autopista Caracas-Puerto Cabello, iba yo escuchando a Vytas Brenner y dejándome llevar, cuando un auto se me adelantó por la parte derecha. Algo, una fuerza irresistible, me hizo voltear, y allí los descubrí.

Estaban yertos, como maniquíes, como *crash test dummies*, con la mirada fija hacia delante, o hacia el vacío, retando con su presencia absurda la ingeniería que sustenta la autopista de la razón. Eran ellos: Cosme Marchena y la flaca Caliostri.

Y aunque comprendí que el *ummita* había dejado finalmente a la pequinesa y se había quedado con la Caliostri, aunque pensé que con toda probabilidad se dirigían a la casa de ella en Puerto Cabello, para mí, su presencia trajo una fuerte carga de horror, horror del más puro.

Aquella malignidad provenía una vez más de la pluma magistral del destino, que me demostraba que las historias hibernan sobre sus garras, que laten a pulso lento y se alimentan del vaho del tiempo, a la espera de una primavera con olor a sangre donde dar el zarpazo que nos dejará una herida incurable, una herida que nos drenará lentamente, hasta el día en que, sin saberlo, estemos muertos en vida.

Debo decirte, amigo, que yo no soy un tipo valiente, ni arrojado, ni desenfadado, ni nada por el estilo. Soy un cobarde de proporciones estratosféricas. Creo, incluso, que mi cobardía debe tener fama hasta en el lejano Ummo.

Así que, como todo excelso cobarde, al ver que ellos voltearon sus miradas hacia mí, alcé el brazo y saludé. Saludé como se saluda a alguien conocido, a alguien que tienes años que no ves y que te es simpático. Saludé, esperando la sonrisa, la venia sacramental, pero solo recibí un par de rostros inexpresivos.

Ellos me miraron, sí, me miraron, pero ni siquiera simularon no conocerme o no haber visto mi saludo. Simplemente me respondieron con la ausencia, con el vacío de sus miradas. Y yo bajé la mano, deshice la sonrisa y seguí viendo al frente, atento a las curvas de la vía.

Pisé entonces el acelerador y me alejé del zarpazo, de la pincelada venenosa, de aquella historia desquiciada que había vuelto para recordarme que no existe el borrón y la cuenta nueva.

XII

Diez años después, nada más y nada menos que diez años después, volví a ver a Cosme Marchena. Y aquí regresamos al inicio de esta historia.

Una vez que consideré suficiente mi estadía en el coctel, y ya con Cosme Marchena flotando en la nebulosa del olvido, me fui al cine a la búsqueda de cualquier estreno de cartelera que me sacara el hastío literario.

Había comprado las entradas y me disponía a agenciarme unas chucherías cuando lo vi. Estaba allí, haciendo la cola, leyendo algún volante colorido e intrascendente.

Entonces el horror cósmico me atacó una vez más. Fue como si hubieran lanzado la bomba de protones desde un avión lejano y yo hubiera estado justo debajo, escuchándola murmurar su insidia atómica. Insidia que fue a caer directo sobre mi cabeza y estalló en mi mente, convertida en un grito descomunal, en un gran hongo alucinado que me mostraba una nueva escena de la historia, donde estaba escrito que Cosme Marchena giraría la cabeza, fijaría sus ojos en mí, y esta vez me reconocería, sonreiría y tendría la intención, la desfachatada intención de saludarme.

Pero esta vez fui yo el que se hizo el ausente. Bueno, no tanto el ausente, no tengo ese descaro y, ya lo dije, soy cobarde. Con apartar la mirada tuve, y, sabiendo que posiblemente me lo iba a encontrar en la cola de la sala, o en la sala misma; sabiendo que el destino estaba escribiendo en ese momento con toda su saña y que, posiblemente, nos iba a tocar sentarnos cerca, cuidado si no uno al lado del otro; sabiendo todo esto, me salí de la cola y huí.

:Ø >>>

Hace poco leí en un libro de crónicas periodísticas de Chuck Palahniuk una historia que me atrajo poderosamente la atención. El trabajo de Palahniuk se llama «La señora», y habla sobre una casa fantasma y unas médiums.

Palahniuk cuenta que en una reunión estas médiums le dijeron que había un hombre cerca de él, y que ese hombre era su padre asesinado. El escritor, escéptico, dice en su crónica que aquello era una simple patraña porque todos conocían la historia de la muerte de su padre. Yo, que no la conocía, me asombré.

Transcribo lo que Palahniuk contó en breves líneas: «Cuando él [el padre de Chuck Palahniuk] tenía cuatro años, su padre disparó a su madre y luego lo persiguió a él por toda la casa intentando pegarle un tiro. El primer recuerdo que tenía mi padre en la vida era estar escondido debajo de una cama, oír que su padre lo llamaba y ver pasar sus pesadas botas, con el cañón humeante del rifle colgando cerca del suelo. Mientras él estaba escondido, su padre acabó por pegarse un tiro. Luego mi padre se pasó la vida entera huyendo de aquella escena. Mis hermanos y hermanas también dicen que se pasó la vida casándose con una mujer tras otra en un intento de encontrar a su madre. Siempre divorciándose y volviéndose a casar. Llevaba veinte años divorciado de mi madre cuando vio un anuncio en la sección de contactos del periódico. Empezó a salir con la autora del anuncio sin saber que tenía un exmarido violento. Cuando volvían a casa de su tercera cita, el exmarido los sorprendió y los mató a tiros a los dos en casa de ella».

Yo no sé si el destino escribirá conmigo una historia tan terrible como la que escribió para el padre de Palahniuk. Yo no sé si algo ocurra al final; tendré que esperar hasta el día de mi muerte para saberlo.

Por los momentos, esto es todo. La historia, como ves, está incompleta. Pero qué le vamos a hacer; te prometo que si algo más pasa, te aviso.

Mientras tanto, aquí estoy. En casa, solo, echándote el cuento, tomando ron, y removiendo las piedras del dominó sobre la vieja mesita.

Me agacho a ver, solo por no dejar. Confirmado: el gorila no está, y espero que nunca más esté, por lo menos no en esta mesita. Aunque el destino, ya sabemos, es capaz de cualquier cosa. Así que... hasta la vista, *baby*.

GEMELO

Aquella mañana de domingo, se hallaban en las tumbonas dejándose atezar por el sol, cuando la Nena lo dijo:

–¿No tienes un hermano como tú?

Apenas formuló tamaño dislate (estaba consciente de ello), repasó rápidamente cómo había llegado hasta ese momento. 1) Acababa de salir de una relación sin futuro («ese tipo solo quería cogerme, Silvi») y estaba muy cerca de caer en otra de sus depresiones. 2) Silvia la invitó a pasar el fin de semana en el apartamento de playa de sus padres. 3) Las pastillas, como de costumbre, resultaban insuficientes; así que la ida a la playa le había parecido una excelente opción para retardar la caída. 4) El amor bonito entre Silvia y Rafael provocó que volvieran los acordes desafinados a su cabeza. 5) Y como siempre, no se pudo contener, no pudo evitar el arrebato, la impertinencia verbal. «¿No tienes un hermano como tú?».

Así había llegado hasta allí, así había cometido esa insensatez... Claro, tampoco estaba totalmente loca; lo dijo luego de que Silvia se parara para ir al baño.

Ahora Rafael hacía tiempo: luego de beber un poco de whisky, se aclaró la garganta. La Nena notó satisfecha que también le echó un vistazo a sus grandes senos y a sus piernas contorneadas.

–Claro que tengo un hermano –dijo.

–¿De verdad?

–Sí, un hermano gemelo –la Nena se echó a reír.

–Silvi no me ha hablado de él.

–Es que Silvia lo conoce poco.

–Bueno, pero que sea igual a ti es lo de menos. Yo no hablo de lo físico, sino de lo espiritual. Hay tan pocos hombres buenos en el mundo, Rafael, de verdad...

–Nena, Arturo es un encanto.

Ella se animó.

–¿Y cuándo voy a conocerlo?

–¿Le puedo dar tu celular para que él te llame?

Ella le dijo que sí, que por supuesto, y le dio el número; luego pidió el de Arturo.

–Si él no me llama, te voy a fastidiar para que se lo recuerdes.

Ya se acercaba Silvia. Rafael hizo una última acotación para cerrar el tema:

–Acuérdate de que se llama Arturo. Es idéntico a mí, pero con los ojos verdes.

La Nena sonrió. Le gustaba aquel misterio, le gustaba esa manera enigmática de hacer una cita. Era como en las películas esas que mezclan erotismo, suspenso y muerte.

El lunes en la noche sonó el celular de la Nena. Era Arturo, el gemelo.

–Tu voz es igualita a la de Rafi.

–Y yo digo que la voz de Rafa es igualita a la mía.

A la Nena le pareció encantador el comentario. Rio y se atrevió:

–Entonces, ¿nos conocemos?

Acordaron verse en el San Ignacio, en el Havanna Café. La Nena se miró en el espejo grande que colgaba de la pared de la sala de su apartamento. En su rostro había algo salvaje, en sus ojos una hoguera de bacante.

–¿Cómo te reconozco? –preguntó él antes de colgar.

–No te preocupes, si eres idéntico a tu hermano seré yo la que te encuentre.

La Nena hizo una sonrisa de niña mala.

Esa sonrisa aún estaba en su rostro cuando se encontró frente a Arturo.

No pudo evitar mostrarse exultante, desenfadada. Casi le cayó encima cuando se le acercó para decirle su nombre. Arturo, pasando por alto la avasallante entrada, se puso de pie y se presentó a su vez; hipnotizaba por aquellos ojos verdes y por la sonrisa perfecta, perfecta como la de su hermano.

–Arturo, el hermano gemelo de Rafael, por si no te has dado cuenta.

Unos días después se encontró con Silvia y Rafael. No dijo nada. Se limitó a lanzarle miradas cómplices a Rafael, a telegrafiar desde la sonrisa de niña traviesa.

Silvia la llamó más tarde.

–Te vi muy contenta, tú como que estás saliendo con alguien.

–No, chica... Ojalá y fuera eso.

–¿Y entonces?

–¡Ay bueno, estoy contenta y ya!

Contenta estaba, sí, contenta con aquel hombre que era bueno en la cama, que era cariñoso y dueño de una torpeza varonil y encantadora, y de un humor sexy que la hacía reír, a ella, que había sufrido tantas depresiones, que se había sumido tantas veces en el vacío.

Arturo se mudó a su apartamento. Ella lo quería cerca, siempre cerca. Era un buen partido al que había que sacarle brillo. Porque, a fin de cuentas, ¿de qué servía ser directora en una corporación de primera y ganar tanto dinero si no podía darse el lujo de educar a un hijo de la UD3 de Caricuao?

Así que se dedicó en cuerpo y alma a su labor redentora, a su amor bonito con tintes de telenovela. Le compró ropas, zapatos, un reloj Movado, dos frascos de Aqua de Carolina Herrera, un celular de última generación y un iPod con todos los gigas del momento. Él daba a cambio lo que ella quería: fuertes dosis de sexo y cariño.

Silvia la estuvo llamando por aquellos días, pero ella le devolvió la llamada dos meses más tarde.

Su amiga le contó que estaba mal, que algo había pasado con Rafael, que se había alejado, que se desaparecía, que ya casi no se veían, que la relación estaba a punto de terminar.

La Nena apenas articuló palabra. Luchaba contra las comisuras de sus labios, que buscaban moverse hacia arriba, que buscaban esbozar una sonrisa.

–Vamos a vernos, amiga –dijo al final.

–Sí, por favor, necesito distraerme un rato. La citó en el Havanna Café del San Ignacio.

Nada más pensarse sentada con su amiga en el lugar donde se había citado la primera vez con su amante le producía un placer inenarrable.

Ya en el sitio, el goce fue aún mayor, casi orgásmico. Silvia hablaba y hablaba, desahogándose, contándole lo que ya le había dicho por teléfono, pero con más detalle, y ella apretaba las piernas, presionando el clítoris, escuchando como desde lejos, como desde el interior de su vagina ardorosa. Se sentía como se debió de haber sentido Sharon Stone en la escena de *Basic Instinct* cuando descruzaba las piernas.

Aquella noche, la Nena le hizo el amor a Arturo con una desesperación de condenado a muerte.

–¿Pero qué te pasa?

–Que me encantas, Rafi, me encantas –susurró ella, y él no alcanzó a entender. Había momentos en que la Nena hablaba como proyectando las palabras hacia adentro, hacia sus vísceras. Al principio, él le pedía que repitiera, le decía que había hablado muy bajo, pero después de varias solicitudes, la Nena se molestó muchísimo y él aprendió su lección. No le preguntó más.

Al cabo de unos minutos, ella le metió la lengua en la boca y lo besó largamente, mientras su mano volvía a buscar las durezas necesarias para el placer.

Al día siguiente, en la oficina, la Nena llamó a Rafael al celular.

–Quiero hablar contigo seriamente, almorcemos.

–¿Dónde?

—En el Havanna Café del San Ignacio.

—Está bien, ¿en qué nivel queda?

—Tú sabes, no te hagas el desentendido.

La Nena sonaba enojada, severa. Rafael, que ya le conocía los vaivenes, fue comprensivo.

—Está bien. ¿De qué vamos a hablar?

—Lo hablamos en el sitio.

Rafael llegó unos cuarenta minutos más tarde de la hora acordada.

—Disculpa, había tráfico, y además, me perdí buscando el café.

La Nena no estaba molesta. Cuando él se inclinó para darle un beso en la mejilla, ella sonreía.

—Quiero que sigas con Silvi –dijo de improviso.

—¿Cómo? –repuso él confundido ante aquellas palabras.

—Que sigas con ella.

Rafael había alzado la mano para llamar a un mesonero. Ahora, arrepentido, la dejó caer sobre la mesa. Intentó hablar serenamente:

—Nena, disculpa, pero lo que pase entre Silvia y yo, es asunto nuestro.

—Y mío –dijo ella sin pausa.

Por unos instantes, Rafael no tuvo palabras. Luego, preparándose para ponerse en pie, dijo:

—Me voy.

—No quiero que nuestra relación se interponga entre Silvia y tú –dijo la Nena.

Rafael se quedó en el sitio, fue como si sus pies hubieran sido aferrados por raíces que se hundían a mil metros bajo tierra.

–¿Qué estás diciendo?

–Yo te adoro pero no quiero hacerle daño a mi amiga. Lo que soy yo, puedo vivir sabiendo que tienes a otra.

–¿De qué hablas?

–De lo nuestro, «Arturo» –respondió ella dándole una entonación especial al nombre.

–Yo no soy Arturo –respondió él aún más desubicado.

–¡Vamos, Rafi! Tú y yo sabemos que Arturo es una linda invención tuya. ¡Por cierto, me encanta el detalle de los lentes de contacto!

–¿Lentes de contacto?

–Sí, los verdes.

–Nena... –dijo él mostrando las palmas de la mano a la mujer, como poniendo un escudo, como protegiéndose de un fuego enorme–. Arturo no es una invención, Arturo es mi hermano gemelo.

Ahora la Nena era la confundida.

–¿Estás jugando conmigo, Rafi?

Rafael hizo otro amago para ponerse de pie. Se detuvo como hacía unos instantes, pero esta vez su rostro se había transfigurado. Había recibido una revelación palmaria.

–Espera, espera... –dijo–. ¿Quiere decir que todo este tiempo tú creíste que yo estaba jugando a ser otro? ¿Que yo me había inventado lo del hermano gemelo? ¿Quiere decir que tú, además, estabas disfrutando ese juego?

–Pero Rafi, era más que evidente que...

–Pensaste que tenías un romance con el novio de tu mejor amiga.

—Un romance no, un amor verdadero –respondió ella indignada, en los ojos el reflejo de una alta hoguera.

—Yo sabía que no te funcionaba bien la cabeza, pero esta vaina es el colmo.

—No, por favor –rogó ella, casi histérica–. Tú eres Arturo y eres Rafi; eres los dos.

Rafael sacó el teléfono celular e hizo un marcado rápido. Esperó unos segundos.

—Arturo, hermano –dijo–. Aquí estoy con la Nena. Me la encontré en el San Ignacio. Sí, estábamos hablando de ti y decidimos llamarte. Te la paso.

Rafael le extendió el celular. Ella lo agarró como quien sujeta de la cola a una rata muerta.

—Hola, mi amor –farfulló ella.

Al otro lado escuchó una voz idéntica a la de Rafael. Era Arturo:

—¿Cómo estás?

—Bien, mi flaco... bien...

—Mi bella, habla con Rafa, dile que se piense mejor lo de Silvia. Andan mal, me imagino que lo sabes.

—Sí, sí... algo me contó Silvi...

—Dile que vuelva con ella. Llevan muchos años juntos y cada vez se acerca más el momento del matrimonio. Eso lo aterra.

—Te entiendo, sí... hablaré con él...

Se despidieron. La Nena se quedó con el celular un poco separado de la oreja, como ida. Rafael, presintiendo que el teléfono iba a terminar en el piso, hizo un movimiento rápido y lo atajó.

—Ahí tienes –dijo–. De todos modos, si quieres, mañana podemos vernos los tres en este mismo lugar.

–No... no... está bien... –dijo ella perdida, con el rostro vacío.

–Entonces adiós, loca –dijo Rafael de golpe, asqueado, y se alejó del sitio a grandes pasos.

La Nena, sombría, entre dientes, murmuró una frase venenosa que más parecía un pensamiento, de tan bajo que la dijo. Una mesonera que acababa de atender a la mesa de al lado, la vio mover los labios y creyó que hablaba con ella.

–Disculpe, no la escuché –dijo.

La Nena la miró con desprecio y no le respondió. Se quedó allí, con la mirada perdida, repitiendo en murmullos aquella frase atroz y homicida.

www.ingramcontent.com/pod-product-compliance
Lightning Source LLC
Chambersburg PA
CBHW051845170626
46807CB00003B/1363